TÄYDELLINEN ALKAISIJAN OPAS KOTISÄILYTTÖÖN

VAIHEITTAINEN OPAS, JOSSA ON 100 RESEPTIÄ ELINTARVIKKEIDEN PURKITUKSEEN JA SÄILÖNTÄÄN. OPI OIKEAT VEDEN TÄYTTÖ- JA PAINEISTUSMENETELMÄT

Elsa Saarinen

Kaikki oikeudet pidätetään.

Vastuuvapauslauseke

Tämän e-kirjan sisältämien tietojen on tarkoitus toimia kattavana kokoelmana strategioita, joita tämän e-kirjan kirjoittaja on tutkinut. Yhteenvedot, strategiat, vinkit ja temput ovat vain kirjoittajan suosituksia, eikä tämän e-kirjan lukeminen takaa, että tulokset heijastavat tarkasti kirjoittajan tuloksia. E-kirjan kirjoittaja on tehnyt kaikkensa, jotta e-kirjan lukijoille saataisiin ajantasaisia ja tarkkoja tietoja. Kirjoittaja ja hänen työtoverinsa eivät ole vastuussa mahdollisista tahattomista virheistä tai puutteista. E-kirjan materiaali voi sisältää kolmansien osapuolien tietoja. Kolmannen osapuolen materiaalit sisältävät omistajiensa ilmaisemia mielipiteitä. Sellaisenaan e-kirjan kirjoittaja ei ota vastuuta tai vastuuta mistään kolmannen osapuolen materiaalista tai mielipiteistä. Johtuen Internetin kehittymisestä tai odottamattomista muutoksista yrityksen politiikassa ja toimituksellisissa toimitusohjeissa, tätä kirjoitettaessa tosiasiana todetut asiat voivat myöhemmin vanhentua tai olla soveltumattomia.

E-kirja on tekijänoikeus © 202 2 ja kaikki oikeudet pidätetään. Tästä e-kirjasta kokonaan tai osittain on laitonta levittää, kopioida tai luoda siitä johdettuja teoksia. Mitään tämän raportin osaa ei saa jäljentää tai lähettää uudelleen missään muodossa ilman kirjoittajan ilmaista ja allekirjoitettua lupaa.

SISÄLLYSLUETTELO

SISÄLLYSLUETTELO 3
JOHDANTO 7
HILLOT JA JELLIT 8
   1. Mansikka-raparperihillo 9
   2. Nektariini-hapankirsikkahillo 12
   3. Vähäsokerinen mansikka-tequila agavehillo 15
   4. Suklaa-kirsikkahillo 17
   5. Appelsiini-banaanihillo 20
   6. Aprikoosi-laventelihillo 23
   7. Viikuna- ja päärynähillo 26
   8. Viikuna-, rosmariini- ja punaviinihillo 29
   9. Melonihillo 32
   10. Persikka-rosmariinihillo 35
   11. Hunaja-päärynähillo 38
   12. Omenapiirakkahillo 41
   13. Persikka-bourbonhillo 44
   14. Vähäsokerinen vadelma"limonadi"hillo 47
   15. Tomaatti-yrttihillo 49
   16. Kesäkurpitsa-leipähillo 52
   17. Berry-ale-hillo 55
   18. Vähäsokerinen omena-chilihillo 58
   19. Balsamico-sipulihillo 61
   20. Mustikka-sitruunahillo 64
   21. Omenahillo 67
   22. Mansikka-raparperihyytelö 69
   23. Mustikka-maustehillo 71
   24. Rypäle-luumuhyytelö 73

25. Kultainen pippurihyytelö 76
26. Persikka-ananaslevite 79
27. Jäähdytetty omenalevite 82
28. Jääkaappi rypälelevite 84
29. Apple Jelly ilman lisättyä pektiiniä 86
30. Omenamarmeladi ilman lisättyä pektiiniä 88
31. Blackberry Jelly ilman lisättyä pektiiniä 90
32. Kirsikkahyytelö jauhetulla pektiinillä 92
33. Kirsikkahillo jauhetulla pektiinillä 95
34. Viikunahillo nestemäisellä pektiinillä 97
35. Rypälehyytelö jauhetulla pektiinillä 99
36. Minttu-ananashillo nestemäisellä pektiinillä 102
37. Sekoitettu hedelmähyytelö nestemäisen pektiinin 104
38. Orange Jelly 107
39. Maustettu appelsiinihyytelö 109
40. Appelsiinimarmeladi 112
41. Aprikoosi-appelsiini säilyke 115
42. Persikkahillo jauhetulla pektiinillä 117
43. Maustettu mustikka-persikkahillo 119
44. Persikka-appelsiinimarmeladi 122
45. Ananashillo nestemäisellä pektiinillä 124
46. Luumuhyytelö nestemäisellä pektiinillä 126
47. Quince Jelly ilman lisättyä pektiiniä 128
48. Mansikkahillo jauhetulla pektiinillä 130
49. Tutti-Frutti Jam 132

HEDELMÄT JA HEDELMÄTUOTTEET 135

50. Omenavoi 136
51. Mausteiset omenarenkaat 138
52. Mausterapuomenat 141
53. Cantaloupe suolakurkku 144

54. Karpalo-appelsiinichutney 148
55. Mangochutney 151
56. Mangokastike 154
57. Sekoitettu hedelmäcocktail 157
58. Kesäkurpitsa-ananas 160
59. Mausteinen karpalosalsa 162
60. Mangosalsa 165
61. Persikka-omenasalsa 168

KAPETUT JA PIIRAT VIHANNEKSET 171

62. Tilli suolakurkkua 172
63. Hapankaali 175
64. Voileipäkurkku 178
65. Fresh-pack tilli suolakurkkua 181
66. Makea kurkkukurkku 184
67. 14 päivän makeat suolakurkut 187
68. Nopeat makeat suolakurkut 190
69. Marinoitu parsa 193
70. Marinoidut tillipavut 196
71. Marinoitu kolmen pavun salaatti 198
72. Marinoidut punajuuret 201
73. Marinoitu porkkana 204
74. Marinoitu kukkakaali / Bryssel 207
75. Chayote ja jicama slaw 210
76. Voilla peitetty jicama 213
77. Marinoidut kokonaiset sienet 215
78. Marinoitu tilli okra 218
79. Marinoidut helmisipulit 220
80. Marinoidut paprikat 223
81. Marinoidut paprikat 226
82. Marinoidut kuumat paprikat 229

83. Marinoidut jalapeño-pippurirenkaat 232
84. Marinoidut keltaiset paprikarenkaat 235
85. Marinoidut makeat vihreät tomaatit 237
86. Marinoidut vihannessekoitukset 240
87. Suolakurpitsa 243
88. Chayote ja päärynämaku 245
89. Piccalilli 248
90. Suolakurkku 251
91. Marinoitu maissi 254
92. Marinoitu vihreä tomaatti 257
93. Marinoitu piparjuurikastike 260
94. Pippuri-sipuliherkku 262
95. Mausteinen jicama-herkku 264
96. Kirpeä tomaattimaku 267
97. Ei lisättyä sokeria marinoituja juurikkaita 270
98. S märkä suolakurkku 273
99. S viipaloitu tillikurkku 276
100. S viipaloitu makea suolakurkku 279

PÄÄTELMÄ 282

JOHDANTO

Kotona säilytys on muuttunut suuresti 180 vuoden aikana siitä lähtien, kun se otettiin käyttöön tapana säilyttää ruokaa. Tiedemiehet ovat löytäneet tapoja tuottaa turvallisempia ja laadukkaampia tuotteita. Tämän julkaisun ensimmäisessä osassa selitetään tieteelliset periaatteet, joihin purkitustekniikat perustuvat, käsitellään purkulaitteita ja kuvataan purkkien ja kansien oikeaa käyttöä. Siinä kuvataan säilön perusainesosia ja -menetelmiä sekä kuinka niitä käytetään turvallisten ja laadukkaiden säilykkeiden saavuttamiseksi. Lopuksi se auttaa sinua päättämään, voitko vai ei ja kuinka paljon voit.

Tämän julkaisun toinen osa on sarja tiettyjen elintarvikkeiden säilytysoppaita. Nämä oppaat tarjoavat yksityiskohtaiset ohjeet sokerisiirappien valmistukseen; sekä hedelmien ja hedelmätuotteiden, tomaattien ja tomaattituotteiden, vihannesten, punaisen lihan, siipikarjan, äyriäisten sekä suolakurkkujen ja herkkujen säilytykseen. Jokaisen hedelmien, tomaattien ja vihannesten ohjesarjan mukana on käteviä ohjeita oikeiden määrien ja laadukkaiden raakaruokien valitsemiseksi. Useimmat reseptit on suunniteltu tuottamaan täysi purkkikuorma pinttejä tai litraa. Lopuksi kullekin ruoalle annetaan käsittelysäädöt merenpinnan yläpuolella sijaitseville korkeuksille.

HILLOT JA JELLIT

1. Mansikka-raparperihilloa

TEKEE NOIN 6 ($\frac{1}{2}$-PT./250-ML) TÖLKKIÄ

Ainesosat

- $4\frac{1}{2}$ kuppia (1,1 l) $\frac{1}{4}$ tuuman (0,5 cm) paksuisia viipaloituja tuoretta raparperia

- $\frac{1}{2}$ kuppi (125 ml) tuoretta appelsiinimehua (noin 2-3 isoa appelsiinia)

- 4 kuppia (1 l) kypsiä tuoreita mansikoita

- 5 kuppia (1,25 l) sokeria

- 1 (3 unssia/88,5 ml) Ball® Liquid Pectin -pussi

Reittiohjeet:

a) Yhdistä raparperi ja appelsiinimehu 3 qt:ssa. (3-l) ruostumattomasta teräksestä valmistettu kattila. Peitä ja kiehauta keskilämmöllä. Avaa kansi, vähennä lämpöä ja hauduta usein sekoittaen, 5 minuuttia tai kunnes raparperi on kypsää.

b) Pese mansikat; poista ja hävitä varret ja rungot. Soseuta mansikat perunamurskaamalla tasaiseksi murskaaksi.

c) Mittaa 2 kupillista (500 ml) keitettyä raparperia ja $1\frac{3}{4}$ kupillista (425 ml) muussattua mansikoita 6 qt:aan. (6-L) ruostumattomasta teräksestä valmistettu tai emaloitu hollantilainen uuni. Sekoita joukkoon sokeri. Kuumenna seos täyteen kiehuvaan kiehuvaan, jota ei voi sekoittaa alas, korkealla lämmöllä, sekoittaen usein.

d) Lisää pektiini puristaen välittömästi koko pussin sisällön. Jatka kovaa keittämistä 1 minuutti jatkuvasti sekoittaen. Poista lämmöltä. Kuori vaahto tarvittaessa.

e) Kaada kuuma hillo kuumaan purkkiin jättäen $\frac{1}{4}$ tuuman (0,5 cm) tilaa. Poista ilmakuplat. Pyyhi purkin reuna. Purkin keskikansi. Kiinnitä nauha ja säädä sormenpään kireäksi. Laita purkki kiehuvaan vesisäiliöön. Toista kunnes kaikki purkit ovat täynnä.

f) Käsittele purkkeja 10 minuuttia korkeuden mukaan. Sammuta lämpö; poista kansi ja anna purkkien seistä 5 minuuttia. Poista purkit ja jäähdytä.

2. Nektariini-hapankirsikkahilloa

TEKEE NOIN 7 ($\frac{1}{2}$-PT./250-ML) TÖLKKIÄ

Ainesosat

- 1$\frac{1}{2}$ lb. (750 g) nektariineja, kivettömiä ja hienonnettuna
- 2 kupillista (500 ml) hienonnettuja kivettömiä kirsikoita
- 6 rkl. (90 ml) Ball® Classic Pektiini
- 2 rkl. (30 ml) pullotettua sitruunamehua
- 6 kuppia (1,5 l) sokeria

Reittiohjeet:

a) Yhdistä 4 ensimmäistä ainesosaa 4-qt:ssa. (4-L) ruostumattomasta teräksestä valmistettu tai emaloitu hollantilainen uuni. Kuumenna seos kiehuvaksi, jota ei voi sekoittaa alas, korkealla lämmöllä jatkuvasti sekoittaen.

b) Lisää sokeri, sekoita liukenemaan. Palauta seos kiehuvaksi. Keitä kovaksi 1 minuutti jatkuvasti sekoittaen. Poista lämmöltä. Kuori vaahto tarvittaessa.

c) Kaada kuuma hillo kuumaan purkkiin jättäen $\frac{1}{4}$ tuuman (0,5 cm) tilaa. Poista ilmakuplat. Pyyhi purkin reuna. Purkin keskikansi. Kiinnitä nauha ja säädä sormenpään kireäksi. Laita purkki kiehuvaan vesisäiliöön. Toista kunnes kaikki purkit ovat täynnä.

d) Käsittele purkkeja 10 minuuttia korkeuden mukaan. Sammuta lämpö; poista kansi ja anna purkkien seistä 5 minuuttia. Poista purkit ja jäähdytä.

3. Vähäsokerinen mansikka-tequila agavehillo

TEKEE NOIN 4 ($\frac{1}{2}$-PT./250 ML) TÜLKKIÄ

Ainesosat

- 5 kupillista (1,25 l) hienonnettuja tuoreita mansikoita
- $\frac{1}{2}$ kupillista (125 ml) tequilaa
- 5 rkl. (75 ml) Ball® Low tai No Sugar Pectin
- 1 kuppi (250 ml) agavesiirappia

Reittiohjeet:

a) Yhdistä 2 ensimmäistä ainesosaa 4 qt:ssa. (4-L) ruostumattomasta teräksestä valmistettu tai emaloitu hollantilainen uuni. Murskaa marjat perunamurskaamalla.

b) Sekoita joukkoon pektiini. Kuumenna seos kiehuvaksi, jota ei voi sekoittaa alas, korkealla lämmöllä jatkuvasti sekoittaen.

c) Sekoita joukkoon agavesiirappi. Palauta seos kiehuvaksi. Keitä kovaksi 1 minuutti jatkuvasti sekoittaen. Poista lämmöltä. Kuori vaahto tarvittaessa.

d) Kaada kuuma hillo kuumaan purkkiin jättäen $\frac{1}{4}$ tuuman (0,5 cm) tilaa. Poista ilmakuplat. Pyyhi purkin reuna. Purkin keskikansi. Kiinnitä nauha ja säädä sormenpään kireäksi. Laita purkki kiehuvaan vesisäiliöön. Toista kunnes kaikki purkit ovat täynnä.

e) Käsittele purkkeja 10 minuuttia korkeuden mukaan. Sammuta lämpö; poista kansi ja anna purkkien seistä 5 minuuttia. Poista purkit ja jäähdytä.

4. Suklaa-kirsikkahilloa

TEKEE NOIN 6 ($\frac{1}{2}$-PT./250-ML) TÖLKKIÄ

Ainesosat

- 6 kuppia (1,5 l) tuoreita tai pakastettuja kivettömiä tummia, makeita kirsikoita, karkeasti pilkottuna
- 6 rkl. (90 ml) Ball® Classic Pektiini
- $\frac{1}{4}$ kuppia (60 ml) pullotettua sitruunamehua
- 6 kuppia (1,5 l) sokeria
- ⅔ kuppi (150 ml) makeuttamatonta kaakaota

Reittiohjeet:

a) Yhdistä 3 ensimmäistä ainesosaa 4-qt:ssa. (4-L) ruostumattomasta teräksestä valmistettu tai emaloitu hollantilainen uuni. Kuumenna seos kiehuvaksi, jota ei voi sekoittaa alas, korkealla lämmöllä jatkuvasti sekoittaen.

b) Sekoita sillä välin sokeri ja kaakao, kunnes ne sekoittuvat; lisää kaikki kerralla kiehuvaan kirsikkaseokseen. Palauta seos kiehuvaksi. Keitä kovaksi 1 minuutti jatkuvasti sekoittaen. Poista lämmöltä. Kuori vaahto tarvittaessa.

c) Kaada kuuma hillo kuumaan purkkiin jättäen $\frac{1}{4}$ tuuman (0,5 cm) tilaa. Poista ilmakuplat. Pyyhi purkin reuna. Purkin keskikansi. Kiinnitä nauha ja säädä sormenpään kireäksi. Laita purkki kiehuvaan vesisäiliöön. Toista kunnes kaikki purkit ovat täynnä.

d) Käsittele purkkeja 10 minuuttia korkeuden mukaan. Sammuta lämpö; poista kansi ja anna purkkien seistä 5 minuuttia. Poista purkit ja jäähdytä.

5. Appelsiini-banaanihilloa

TEKEE NOIN 5 (½-PT./250-ML) TÖLKKIÄ

Ainesosat

- 2 kuppia (500 ml) tuoretta appelsiinimehua hedelmälihalla (noin 8 appelsiinia)
- 1 kuppi (250 ml) hunajaa
- 3 rkl. (45 ml) pullotettua sitruunamehua
- 2 lb. (1 kg) erittäin kypsiä banaaneja kuorittuna ja hienonnettuna
- 1 vaniljatanko, halkaistu

Reittiohjeet:

a) Yhdistä 4 ensimmäistä ainesosaa 4-qt:ssa. (4-L) ruostumattomasta teräksestä valmistettu tai emaloitu hollantilainen uuni. Kaavi siemenet vaniljatanosta; lisää banaaniseokseen. Kypsennä usein sekoittaen keskilämmöllä noin 25 minuuttia hyytelöimispisteeseen asti.

b) Kaada kuuma hillo kuumaan purkkiin jättäen ¼ tuuman (0,5 cm) tilaa. Poista ilmakuplat. Pyyhi purkin reuna. Purkin keskikansi. Kiinnitä nauha ja säädä sormenpään kireäksi. Laita purkki kiehuvaan vesisäiliöön. Toista kunnes kaikki purkit ovat täynnä.

c) Käsittele purkkeja 15 minuuttia korkeuden mukaan. Sammuta lämpö; poista kansi ja anna purkkien seistä 5 minuuttia. Poista purkit ja jäähdytä.

6. Aprikoosi-laventelihillo

TEKEE NOIN 6 (½-PT./250-ML) TÜLKKIÄ

Ainesosat

- 4 tl (20 ml) kuivattuja laventelinsilmuja
- Juustokangas
- Keittiön lanka
- 3 lb. (1,5 kg) aprikooseja, kivettömiä ja hienonnettuna (noin 6 kuppia / 1,5 l)
- 4 kuppia (1 l) sokeria
- 3 rkl. (45 ml) pullotettua sitruunamehua

Reittiohjeet:

a) Aseta laventelin silmut 4 tuuman (10 cm) neliön juustokankaalle; solmitaan keittiönauhalla.

b) Aseta aprikoosit suureen kulhoon; soseuta perunamurskaamalla murskaksi. Sekoita joukkoon sokeri ja sitruunamehu; lisää kangaspussi sekoittaen, kunnes se on kostutettu. Peitä ja jäähdytä 4 tuntia tai yön yli.

c) Kaada aprikoosi seos 6-qt. (6-L) ruostumattomasta teräksestä valmistettu tai emaloitu hollantilainen uuni. Kuumenna kiehuvaksi keskilämmöllä sekoittaen, kunnes sokeri liukenee. Lisää lämpöä keski-korkeaksi. Kypsennä jatkuvasti sekoittaen 45 minuuttia tai kunnes seos on paksuuntunut ja karkkilämpömittari lukee 220 °F (104 °C). Poista lämmöltä. Poista ja hävitä kangaspussi.

d) Kaada kuuma hillo kuumaan purkkiin jättäen $\frac{1}{4}$ tuuman (0,5 cm) tilaa. Poista ilmakuplat. Pyyhi purkin reuna. Purkin keskikansi. Kiinnitä nauha ja säädä sormenpään kireäksi. Laita purkki kiehuvaan vesisäiliöön. Toista kunnes kaikki purkit ovat täynnä.

e) Käsittele purkkeja 10 minuuttia korkeuden mukaan. Sammuta lämpö; poista kansi ja anna purkkien seistä 5 minuuttia. Poista purkit ja jäähdytä.

7. Viikuna- ja päärynähillo

TEKEE NOIN 4 (½-PT./250 ML) TÜLKKIÄ

Ainesosat

- 2 kuppia (250 ml) hienonnettuja päärynöitä
- 2 kuppia (250 ml) hienonnettuja tuoreita viikunoita
- 4 rkl. (60 ml) Ball® Classic Pektiini
- 2 rkl. (30 ml) pullotettua sitruunamehua
- 1 rkl. (15 ml) vettä
- 3 kupillista (750 ml) sokeria

Reittiohjeet:

a) Yhdistä kaikki ainekset, paitsi sokeri, 4-qt. (4-L) ruostumattomasta teräksestä valmistettu tai emaloitu hollantilainen uuni. Kuumenna seos kiehuvaksi, jota ei voi sekoittaa alas, korkealla lämmöllä jatkuvasti sekoittaen.

b) Lisää sokeri, sekoita liukenemaan. Palauta seos kiehuvaksi. Keitä kovaksi 1 minuutti jatkuvasti sekoittaen. Poista lämmöltä. Kuori vaahto tarvittaessa.

c) Kaada kuuma hillo kuumaan purkkiin jättäen ¼ tuuman (0,5 cm) tilaa. Pyyhi purkin reuna. Purkin keskikansi. Kiinnitä nauha ja säädä sormenpään kireäksi. Laita purkki kiehuvaan vesisäiliöön. Toista kunnes kaikki purkit ovat täynnä.

d) Käsittele purkkeja 10 minuuttia korkeuden mukaan. Sammuta lämpö; poista kansi ja anna purkkien seistä 5 minuuttia. Poista purkit ja jäähdytä.

8. Viikuna-, rosmariini- ja punaviinihillo

TEKEE NOIN 4 (½-PT./250-ML) TÖLKKIÄ

Ainesosat

- 1½ kuppia (375 ml) Merlotia tai muuta hedelmäistä punaviiniä
- 2 rkl. (30 ml) tuoreita rosmariinin lehtiä
- 2 kuppia (500 ml) hienonnettuna tuoreita viikunoita
- 3 rkl. (45 ml) Ball® Classic Pektiini
- 2 rkl. (30 ml) pullotettua sitruunamehua
- 2½ kupillista (625 ml) sokeria

Reittiohjeet:

a) Kuumenna viini ja rosmariini pienessä ruostumattomassa teräksessä tai emaloidussa kattilassa. Sammuta lämpö; peitä ja hauduta 30 minuuttia.

b) Kaada viini hienon metalliverkkosihdin läpi 4-qt:iin. (4-L) ruostumattomasta teräksestä valmistettu tai emaloitu kattila. Hävitä rosmariini. Sekoita joukkoon viikunat, pektiini ja sitruunamehu. Kuumenna seos kiehuvaksi, jota ei voi sekoittaa alas, korkealla lämmöllä jatkuvasti sekoittaen.

c) Lisää sokeri, sekoita liukenemaan. Palauta seos kiehuvaksi. Keitä kovaksi 1 minuutti jatkuvasti sekoittaen. Poista lämmöltä. Kuori vaahto tarvittaessa.

d) Kaada kuuma hillo kuumaan purkkiin jättäen $\frac{1}{4}$ tuuman (0,5 cm) tilaa. Poista ilmakuplat. Pyyhi purkin reuna. Purkin keskikansi. Kiinnitä nauha ja säädä sormenpään kireäksi. Laita purkki kiehuvaan vesisäiliöön. Toista kunnes kaikki purkit ovat täynnä.

e) Käsittele purkkeja 10 minuuttia korkeuden mukaan. Sammuta lämpö; poista kansi ja anna purkkien seistä 5 minuuttia. Poista purkit ja jäähdytä.

9. Melonihillo

TEKEE NOIN 5 (½-PT./250-ML) TÖLKKIÄ

Ainesosat

- 14 kuppia (3,5 l) 1 tuuman (1 cm) melonikuutiota (noin 2 isoa melonia)

- ¼ kuppia (60 ml) kosher-suolaa

- 4 kuppia (1 l) sokeria

- ¾ kuppi (175 ml) pullotettua sitruunamehua

- 1 rkl. (15 ml) murskattuja vaaleanpunaisia pippuria (valinnainen)

Reittiohjeet:

a) Sekoita meloni ja suola isossa kulhossa. Peitä ja anna seistä 2 tuntia. Valua; huuhtele kylmällä vedellä. Valua.

b) Sekoita meloni, sokeri ja sitruunamehu 6 qt:ssa. (6-L) ruostumattomasta teräksestä valmistettu tai emaloitu hollantilainen uuni. Kiehauta; alenna lämpöä ja hauduta kannen alla 20 minuuttia tai kunnes meloni on pehmeää. Soseuta melonipalat perunamurskaamalla. Anna kiehua kannen alla, usein sekoittaen, noin 1 tunti hyytelöimispisteeseen asti. (Meloneista vapautuu paljon vettä, joten kypsennysaika voi vaihdella.) Kuori vaahtoa tarvittaessa ja sekoita joukkoon halutessasi pippuria.

c) Kaada kuuma hillo kuumaan purkkiin jättäen $\frac{1}{4}$ tuuman (0,5 cm) tilaa. Poista ilmakuplat. Pyyhi purkin reuna. Purkin keskikansi. Kiinnitä nauha ja säädä sormenpään kireäksi. Laita purkki kiehuvaan vesisäiliöön. Toista kunnes kaikki purkit ovat täynnä.

d) Käsittele purkkeja 15 minuuttia korkeuden mukaan. Sammuta lämpö; poista kansi ja anna purkkien seistä 5 minuuttia. Poista purkit ja jäähdytä.

10. Persikka-rosmariinihilloa

TEKEE NOIN 6 (½-PT./250 ML) TÖLKKIÄ

Ainesosat

- 2½ lb. (1,25 kg) tuoreita persikoita (5 isoa)
- 1 tl (5 ml) limen kuorta
- 6 rkl. (90 ml) Ball® Classic Pektiini
- ¼ kuppia (60 ml) tuoretta limetin mehua (noin 3 limeä)
- 2 (4 tuuman/10 cm) rosmariinin oksaa
- 5 kuppia (1,25 l) sokeria

Reittiohjeet:

a) Kuori persikat kasviskuorimalla. Poista kivet ja hienonna karkeaksi. Soseuta perunamurskaajalla tasaiseksi murskaaksi. Mittaa 4 kupillista (1 l) murskattua persikkaa 6 qt:iin. (6-L) ruostumattomasta teräksestä valmistettu tai emaloitu hollantilainen uuni. Sekoita joukkoon limen kuori ja 3 seuraavaa ainesosaa.

b) Kuumenna seos kiehuvaksi, jota ei voi sekoittaa alas, korkealla lämmöllä jatkuvasti sekoittaen. Keitä 1 minuutti jatkuvasti sekoittaen.

c) Lisää sokeri, sekoita liukenemaan. Palauta seos kiehuvaksi. Keitä kovaksi 1 minuutti jatkuvasti sekoittaen. Poista lämmöltä. Poista ja hävitä rosmariini. Kuori vaahto tarvittaessa.

d) Kaada kuuma hillo kuumaan purkkiin jättäen $\frac{1}{4}$ tuuman (0,5 cm) tilaa. Poista ilmakuplat. Pyyhi purkin reuna. Purkin keskikansi. Kiinnitä nauha ja säädä sormenpään kireäksi. Laita purkki kiehuvaan vesisäiliöön. Toista kunnes kaikki purkit ovat täynnä.

e) Käsittele purkkeja 10 minuuttia korkeuden mukaan. Sammuta lämpö; poista kansi ja anna purkkien seistä 5 minuuttia. Poista purkit ja jäähdytä.

11. Hunaja - päärynähillo

TEKEE NOIN 5 ($\frac{1}{2}$-PT./250-ML) TÜLKKIÄ

Ainesosat

- 3$\frac{1}{4}$ lb. (1,5 kg) kiinteitä, kypsiä päärynöitä
- $\frac{1}{2}$ kupillista (125 ml) omenamehua
- 1 rkl. (15 ml) pullotettua sitruunamehua
- $\frac{1}{2}$ tl. (2,5 ml) jauhettua kanelia
- 1 kpl tuoretta inkivääriä kuorittuna ja hienoksi raastettuna
- 6 rkl. (90 ml) Ball® Low tai No Sugar Pectin
- $\frac{1}{2}$ kuppi (125 ml) hunajaa

Reittiohjeet:

a) Yhdistä 5 ensimmäistä ainesosaa 6 qt:ssa. (6-L) ruostumattomasta teräksestä valmistettu tai emaloitu hollantilainen uuni. Keitä kantta ilman kantta keskilämmöllä 15 minuuttia tai kunnes päärynä on kypsää, välillä sekoittaen. Soseuta päärynäseosta hieman perunamurskaamalla murskaamalla suuria paloja.

b) Sekoita joukkoon pektiini. Kuumenna seos kiehuvaksi, jota ei voi sekoittaa alas, korkealla lämmöllä jatkuvasti sekoittaen.

c) Sekoita joukkoon hunaja. Palauta seos kiehuvaksi. Keitä kovaksi 1 minuutti jatkuvasti sekoittaen. Poista lämmöltä. Kuori vaahto tarvittaessa.

d) Kaada kuuma hillo kuumaan purkkiin jättäen $\frac{1}{4}$ tuuman (0,5 cm) tilaa. Poista ilmakuplat. Pyyhi purkin reuna. Purkin keskikansi. Kiinnitä nauha ja säädä sormenpään kireäksi. Laita purkki kiehuvaan vesisäiliöön. Toista kunnes kaikki purkit ovat täynnä.

e) Käsittele purkkeja 10 minuuttia korkeuden mukaan. Sammuta lämpö; poista kansi ja anna purkkien seistä 5 minuuttia. Poista purkit ja jäähdytä.

12. Omenapiirakkahilloa

TEKEE NOIN 5 (½-PT./250-ML) TÖLKKIÄ

Ainesosat

- 6 kuppia (1,5 l) kuutioitua kuorittua Granny Smith -omenaa (noin 6 omenaa)

- 2 kuppia (500 ml) omenamehua tai omenasiideriä

- 2 rkl. (30 ml) pullotettua sitruunamehua

- 3 rkl. (45 ml) Ball® Classic Pektiini

- 1 tl. (5 ml) jauhettua kanelia

- ½ tl. (2 ml) jauhettua maustepippuria

- ¼ tl. (1 ml) jauhettua muskottipähkinää

- 2 kuppia (500 ml) sokeria

Reittiohjeet:

a) Kuumenna 3 ensimmäistä ainesosaa kiehuvaksi 6-qt:ssa. (6-L) ruostumattomasta teräksestä valmistettu tai emaloitu hollantilainen uuni; alenna lämpöä ja hauduta kannen alla 10 minuuttia tai kunnes omena on pehmeää, välillä sekoittaen.

b) Vatkaa pektiini ja seuraavat 3 ainesosaa. Kuumenna seos kiehuvaksi, jota ei voi sekoittaa alas, korkealla lämmöllä jatkuvasti sekoittaen.

c) Lisää sokeri, sekoita liukenemaan. Palauta seos kiehuvaksi. Keitä kovaksi 1 minuutti jatkuvasti sekoittaen. Poista lämmöltä. Kuori vaahto tarvittaessa.

d) Kaada kuuma hillo kuumaan purkkiin jättäen $\frac{1}{4}$ tuuman (0,5 cm) tilaa. Poista ilmakuplat. Pyyhi purkin reuna. Purkin keskikansi. Kiinnitä nauha ja säädä sormenpään kireäksi. Laita purkki kiehuvaan vesisäiliöön. Toista kunnes kaikki purkit ovat täynnä.

e) Käsittele purkkeja 10 minuuttia korkeuden mukaan. Sammuta lämpö; poista kansi ja anna purkkien seistä 5 minuuttia. Poista purkit ja jäähdytä.

13. Persikka-bourbonhillo

TEKEE NOIN 6 (½-PT./250-ML) TÖLKKIÄ

Ainesosat

- 4 lb. (2 kg) tuoreita persikoita, kuorittuja
- 6 rkl. (90 ml) Ball® Classic Pektiini
- ¼ kuppia (60 ml) pullotettua sitruunamehua
- ¼ kuppia (60 ml) bourbonia
- 2 rkl. (30 ml) hienoksi pilkottua kiteytettyä inkivääriä
- 7 kuppia (1,75 l) sokeria

Reittiohjeet:

a) Kuori ja hienonna persikat. Mittaa 4½ kupillista (1,1 l) hienonnettuja persikoita 6 qt:iin. (6 litraa) ruostumatonta terästä tai emaloitua hollantilaista uunia ja soseuta perunamurskaajalla tasaiseksi murskatuksi. Sekoita pektiini ja seuraavat 3 ainesosaa.

b) Kuumenna seos kiehuvaksi, jota ei voi sekoittaa alas, korkealla lämmöllä jatkuvasti sekoittaen.

c) Lisää sokeri, sekoita liukenemaan. Palauta seos kiehuvaksi. Keitä kovaksi 1 minuutti jatkuvasti sekoittaen. Poista lämmöltä. Kuori vaahto tarvittaessa.

d) Kaada kuuma hillo kuumaan purkkiin jättäen ¼ tuuman (0,5 cm) tilaa. Poista ilmakuplat. Pyyhi purkin reuna. Purkin keskikansi. Kiinnitä nauha ja säädä sormenpään kireäksi. Laita purkki kiehuvaan vesisäiliöön. Toista kunnes kaikki purkit ovat täynnä.

e) Käsittele purkkeja 10 minuuttia korkeuden mukaan. Sammuta lämpö; poista kansi ja anna purkkien seistä 5 minuuttia. Poista purkit ja jäähdytä.

14. Vähäsokerinen vadelma "limonadi"hillo

TEKEE NOIN 6 ($\frac{1}{2}$-PT./250-ML) TÜLKKIÄ

Ainesosat

- 3$\frac{1}{2}$ lb. (1,6 kg) tuoreita vadelmia

- $\frac{1}{2}$ kuppi (125 ml) tuoretta sitruunamehua (noin 5 sitruunaa)

- 4 rkl. (60 ml) Ball® Low tai No Sugar Pectin

- 1$\frac{1}{2}$ kuppia (375 ml) hunajaa

Reittiohjeet:

a) Aseta vadelmat 6-qt. (6-L) ruostumattomasta teräksestä valmistettu tai emaloitu hollantilainen uuni. Murskaa vadelmat perunamurskaamalla.

b) Sekoita joukkoon sitruunamehu ja pektiini. Kuumenna seos kiehuvaksi, jota ei voi sekoittaa alas, korkealla lämmöllä jatkuvasti sekoittaen.

c) Sekoita joukkoon hunaja. Palauta seos kiehuvaksi. Keitä kovaksi 1 minuutti jatkuvasti sekoittaen. Poista lämmöltä. Kuori vaahto tarvittaessa.

d) Kaada kuuma hillo kuumaan purkkiin jättäen $\frac{1}{4}$ tuuman (0,5 ml) tyhjää tilaa. Poista ilmakuplat. Pyyhi purkin reuna. Purkin keskikansi. Kiinnitä nauha ja säädä sormenpään kireäksi. Laita purkki kiehuvaan vesisäiliöön. Toista kunnes kaikki purkit ovat täynnä.

e) Käsittele purkkeja 10 minuuttia korkeuden mukaan. Sammuta lämpö; poista kansi ja anna purkkien seistä 5 minuuttia. Poista purkit ja jäähdytä.

15. Tomaatti-yrttihillo

TEKEE NOIN 4 (½-PT./250-ML) TÖLKKIÄ

Ainesosat

- 6 lb. (3 kg) luumutomaatteja, siemenkota ja hienonnettu
- 1 tl (5 ml) suolaa
- ½ tl. (2 ml) vastajauhettua mustapippuria
- 3 valkosipulinkynttä, jauhettu
- 2 laakerinlehteä
- 1½ kuppia (375 ml) sokeria
- ½ kupillista (125 ml) balsamiviinietikkaa
- ¼ kuppia (60 ml) kuivaa valkoviiniä
- 2 tl (10 ml) Provencen yrttejä

Reittiohjeet:

a) Yhdistä 5 ensimmäistä ainesosaa 6 qt:ssa. (6-L) ruostumattomasta teräksestä valmistettu tai emaloitu hollantilainen uuni. Kypsennä kantta keskilämmöllä 1 tunti tai kunnes se on puolittunut, usein sekoittaen.

b) Sekoita joukkoon sokeri ja 3 seuraavaa ainesosaa. Kypsennä kantta keskilämmöllä 45 minuuttia tai kunnes se on hyvin paksua, välillä sekoittaen. Poista ja hävitä laakerinlehdet.

c) Kaada kuuma hillo kuumaan purkkiin jättäen $\frac{1}{4}$ tuuman (0,5 ml) tyhjää tilaa. Poista ilmakuplat. Pyyhi purkin reuna. Purkin keskikansi. Kiinnitä nauha ja säädä sormenpään kireäksi. Laita purkki kiehuvaan vesisäiliöön. Toista kunnes kaikki purkit ovat täynnä.

d) Käsittele purkkeja 10 minuuttia korkeuden mukaan. Sammuta lämpö; poista kansi ja anna purkkien seistä 5 minuuttia. Poista purkit ja jäähdytä.

16. Kesäkurpitsa-leipähillo

TEKEE NOIN 4 ($\frac{1}{2}$-PT./250-ML) TÖLKKIÄ

Ainesosat

- 4 kuppia (1 l) raastettua kesäkurpitsaa
- 1 kuppi (250 ml) omenamehua
- 6 rkl. (90 ml) Ball® Classic Pektiini
- $\frac{1}{4}$ kuppia (60 ml) kultaisia rusinoita
- 1 rkl. (15 ml) pullotettua sitruunamehua
- 1 tl (5 ml) jauhettua kanelia
- $\frac{1}{2}$ tl. (2 ml) jauhettua muskottipähkinää
- 3 kupillista (750 ml) sokeria

Reittiohjeet:

a) Yhdistä kaikki ainekset, paitsi sokeri, 6-qt. (6-L) ruostumattomasta teräksestä valmistettu tai emaloitu hollantilainen uuni. Kuumenna seos kiehuvaksi, jota ei voi sekoittaa alas, korkealla lämmöllä jatkuvasti sekoittaen.

b) Lisää sokeri, sekoita liukenemaan. Palauta seos kiehuvaksi. Keitä kovaksi 1 minuutti jatkuvasti sekoittaen. Poista lämmöltä. Kuori vaahto tarvittaessa.

c) Kaada kuuma hillo kuumaan purkkiin jättäen $\frac{1}{4}$ tuuman (0,5 cm) tilaa. Poista ilmakuplat. Pyyhi purkin reuna. Purkin keskikansi. Kiinnitä nauha ja säädä sormenpään kireäksi. Laita purkki kiehuvaan vesisäiliöön. Toista kunnes kaikki purkit ovat täynnä.

d) Käsittele purkkeja 15 minuuttia korkeuden mukaan. Sammuta lämpö; poista kansi ja anna purkkien seistä 5 minuuttia. Poista purkit ja jäähdytä.

17. Berry-ale-hilloa

TEKEE NOIN 6 (½-PT./250-ML) TÖLKKIÄ

Ainesosat

- 2 kupillista (500 ml) vadelmia, mustikoita tai mansikoita
- 2 (12 unssia/355 ml) pulloa flat pale ale
- 6 rkl. (90 ml) Ball® Classic Pektiini
- 1 tl (5 ml) sitruunan kuorta
- 2 rkl. (30 ml) tuoretta sitruunamehua
- 4 kuppia (1 l) sokeria

Reittiohjeet:

a) Aseta marjat 6-qt. (6-L) ruostumattomasta teräksestä valmistettu tai emaloitu hollantilainen uuni. Murskaa marjat perunamurskaamalla. Sekoita ale ja seuraavat 3 ainesosaa. Kuumenna seos kiehuvaksi, jota ei voi sekoittaa alas, korkealla lämmöllä jatkuvasti sekoittaen.

b) Lisää sokeri, sekoita liukenemaan. Palauta seos kiehuvaksi. Keitä kovaksi 1 minuutti jatkuvasti sekoittaen. Poista lämmöltä. Kuori vaahto tarvittaessa.

c) Kaada kuuma hillo kuumaan purkkiin jättäen ¼ tuuman (0,5 cm) tilaa. Poista ilmakuplat. Pyyhi purkin reuna. Purkin keskikansi. Kiinnitä nauha ja säädä sormenpään kireäksi. Laita purkki kiehuvaan vesisäiliöön. Toista kunnes kaikki purkit ovat täynnä.

d) Käsittele purkkeja 10 minuuttia korkeuden mukaan. Sammuta lämpö; poista kansi ja anna purkkien seistä 5 minuuttia. Poista purkit ja jäähdytä.

18. Vähäsokerinen omena - chilihillo

TEKEE NOIN 5 (½-PT./250-ML) TÜLKKIÄ

Ainesosat

- 2 isoa omenaa (noin 8½ oz./480 g, kumpikin), kuorittu ja raastettu

- 3 rkl. (45 ml) pullotettua sitruunamehua

- 4 kuppia (1 l) omenamehua

- 3 rkl. (45 ml) Ball® Low tai No Sugar Pectin

- 1 rkl. (15 ml) murskattua chile de árbola tai kuivattua murskattua punapippuria

- ½ kupillista (125 ml) sokeria

- ½ kuppi (125 ml) hunajaa

Reittiohjeet:

a) Yhdistä raastettu omena ja sitruunamehu 4 qt:ssa. (4-L) ruostumattomasta teräksestä valmistettu tai emaloitu hollantilainen uuni. Keitä jatkuvasti sekoittaen 10 minuuttia tai kunnes omena on kypsää.

b) Sekoita joukkoon omenamehu, pektiini ja murskattu chile de árbol . Kuumenna seos kiehuvaksi, jota ei voi sekoittaa alas, korkealla lämmöllä jatkuvasti sekoittaen.

c) Lisää sokeri ja hunaja sekoittaen, jotta sokeri liukenee. Palauta seos kiehuvaksi. Keitä kovaksi 1 minuutti jatkuvasti sekoittaen. Poista lämmöltä. Kuori vaahto tarvittaessa.

d) Kaada kuuma hillo kuumaan purkkiin jättäen $\frac{1}{4}$ tuuman (0,5 cm) tilaa. Poista ilmakuplat. Pyyhi purkin reuna. Purkin keskikansi. Kiinnitä nauha ja säädä sormenpään kireäksi. Laita purkki kiehuvaan vesisäiliöön. Toista kunnes kaikki purkit ovat täynnä.

e) Käsittele purkkeja 10 minuuttia korkeuden mukaan. Sammuta lämpö; poista kansi ja anna purkkien seistä 5 minuuttia. Poista purkit ja jäähdytä.

19. Balsamico-sipulihilloa

TEKEE NOIN 5 (½-PT./250-ML) TÜLKKIÄ

Ainesosat

- 2 lb. (1 kg) sipulia kuutioituna
- ½ kupillista (125 ml) balsamiviinietikkaa
- ½ kuppi (125 ml) vaahterasiirappia
- 1½ tl. (7,5 ml) suolaa
- 2 tl (10 ml) jauhettua valkopippuria
- 1 laakerinlehti
- 2 kuppia (500 ml) omenamehua
- 3 rkl. (45 ml) Ball® Low tai No Sugar Pectin
- ½ kupillista (125 ml) sokeria

Reittiohjeet:

a) Yhdistä 6 ensimmäistä ainesosaa 6-qt: ssa. (6-L) ruostumattomasta teräksestä valmistettu tai emaloitu hollantilainen uuni. Paista keskilämmöllä 15 minuuttia tai kunnes sipulit ovat läpikuultavia, välillä sekoittaen.

b) Sekoita joukkoon omenamehu ja pektiini. Kuumenna seos kiehuvaksi, jota ei voi sekoittaa alas, korkealla lämmöllä jatkuvasti sekoittaen.

c) Lisää sokeri, sekoita liukenemaan. Palauta seos kiehuvaksi. Keitä kovaksi 1 minuutti jatkuvasti sekoittaen. Poista lämmöltä. Poista ja hävitä laakerinlehti. Kuori vaahto tarvittaessa.

d) Kaada kuuma hillo kuumaan purkkiin jättäen $\frac{1}{4}$ tuuman (0,5 cm) tilaa. Poista ilmakuplat. Pyyhi purkin reuna. Purkin keskikansi. Kiinnitä nauha ja säädä sormenpään kireäksi. Laita purkki kiehuvaan vesisäiliöön. Toista kunnes kaikki purkit ovat täynnä.

e) Käsittele purkkeja 15 minuuttia korkeuden mukaan. Sammuta lämpö; poista kansi ja anna purkkien seistä 5 minuuttia. Poista purkit ja jäähdytä.

20. Mustikka-sitruunahilloa

TEKEE NOIN 4 ($\frac{1}{2}$-PT./250-ML) TÖLKKIÄ

Ainesosat

- 4 kuppia (1 l) tuoreita mustikoita

- 3½ kuppia (1,6 l) sokeria

- 1 tl (5 ml) sitruunan kuorta

- 1 rkl. (15 ml) tuoretta sitruunamehua

- 1 (3 unssia/88,5 ml) Ball® Liquid Pectin -pussi

Reittiohjeet:

a) Pese, valuta ja murskaa mustikat kevyesti lusikalla (sen verran, että kuoret halkeavat). Mittaa 2½ kupillista (625 ml) murskattuja mustikoita 6-qt:iin. (6-L) ruostumattomasta teräksestä valmistettu tai emaloitu hollantilainen uuni.

b) Lisää sokeri ja 2 seuraavaa ainesosaa. Kuumenna seos kiehuvaksi, jota ei voi sekoittaa alas, korkealla lämmöllä jatkuvasti sekoittaen.

c) Lisää pektiini puristaen välittömästi koko pussin sisällön. Jatka kovaa keittämistä 1 minuutti jatkuvasti sekoittaen. Poista lämmöltä. Kuori vaahto tarvittaessa.

d) Kaada kuuma seos kuumaan purkkiin jättäen ¼ tuuman (0,5 cm) tilaa. Poista ilmakuplat. Pyyhi purkin reuna. Purkin keskikansi. Kiinnitä nauha ja säädä sormenpään kireäksi.

Laita purkki kiehuvaan vesisäiliöön. Toista kunnes kaikki purkit ovat täynnä.

e) Käsittele purkkeja 10 minuuttia korkeuden mukaan. Sammuta lämpö; poista kansi ja anna purkkien seistä 5 minuuttia. Poista purkit ja jäähdytä.

21. Omenahilloa

Ainesosat:

- 2 kupillista kuorittuja, kuorittuja ja hienonnettuja päärynöitä
- 1 kuppi kuorittuja, kuorittuja ja hienonnettuja omenoita
- 6-1/2 kuppia sokeria
- 1/4 tl jauhettua kanelia
- 1/3 kuppia pullotettua sitruunamehua
- 6 unssia nestemäinen pektiini

Reittiohjeet:

a) Murskaa omenat ja päärynät isossa kattilassa ja sekoita joukkoon kaneli.

b) Sekoita sokeri ja sitruunamehu perusteellisesti hedelmien kanssa ja kiehauta korkealla lämmöllä jatkuvasti sekoittaen. Sekoita välittömästi joukkoon pektiini. Kuumenna kiehuvaksi ja keitä kovaksi 1 minuutti jatkuvasti sekoittaen.

c) Poista lämmöltä, kuori nopeasti pois vaahto ja täytä steriilit purkit jättäen 1/4 tuuman ylätilaa. Pyyhi purkkien reunat kostutetulla puhtaalla talouspaperilla.

d) Säädä kannet ja käsittele.

22. Mansikka-raparperihyytelö

Ainesosat:

- 1-1/2 lbs. punaiset raparperin varret
- 1-1/2 litraa kypsiä mansikoita
- 1/2 tl voita tai margariinia vaahtoamisen vähentämiseksi
- 6 kuppia sokeria
- 6 unssia nestemäinen pektiini

Reittiohjeet:

a) Pese ja leikkaa raparperi 1 tuuman paloiksi ja sekoita tai jauha. Pese, kuori ja murskaa mansikat kerros kerrallaan kattilassa.

b) Laita molemmat hedelmät hyytelöpussiin tai kaksinkertaiseen juustokankaaseen ja purista mehu varovasti. Mittaa 3-1/2 kupillista mehua isoon kattilaan. Lisää voi ja sokeri, sekoita huolellisesti mehuun.

c) Kuumenna kiehuvaksi korkealla lämmöllä koko ajan sekoittaen. Sekoita välittömästi joukkoon pektiini. Kuumenna kiehuvaksi ja keitä kovaksi 1 minuutti jatkuvasti sekoittaen.

d) Poista lämmöltä, kuori nopeasti pois vaahto ja täytä steriilit purkit jättäen 1/4 tuuman ylätilaa. Pyyhi purkkien reunat kostutetulla puhtaalla talouspaperilla.

e) Säädä kannet ja käsittele.

23. Mustikka-maustehillo

Ainesosat:

- 2-1/2 pinttiä kypsiä mustikoita
- 1 rkl sitruunamehua
- 1/2 tl jauhettua muskottipähkinää tai kanelia
- 5-1/2 kuppia sokeria
- 3/4 kuppia vettä
- 1 laatikko (1-3/4 oz.) jauhettua pektiiniä

Reittiohjeet:

a) Pese ja murskaa mustikat perusteellisesti, kerros kerrallaan, kattilassa. Lisää sitruunamehu, mausteet ja vesi. Sekoita pektiini ja kuumenna kiehuvaksi korkealla lämmöllä usein sekoittaen.

b) Lisää sokeri ja palauta kiehuvaksi. Keitä kovasti 1 minuutti koko ajan sekoittaen.

c) Poista lämmöltä, kuori nopeasti pois vaahto ja täytä steriilit purkit jättäen 1/4 tuuman ylätilaa. Pyyhi purkkien reunat kostutetulla puhtaalla talouspaperilla.

d) Säädä kannet ja käsittele.

24. Rypäle-luumu hyytelö

Ainesosat:

- 3-1/2 lbs. kypsiä luumuja
- 3 lbs kypsiä Concord-rypäleitä
- 1 kuppi vettä
- 1/2 tl voita tai margariinia vaahtoamisen vähentämiseksi (valinnainen)
- 8-1/2 kuppia sokeria
- 1 laatikko (1-3/4 oz.) jauhettua pektiiniä

Reittiohjeet:

a) Pese ja kuori luumut; älä kuori. Murskaa luumut ja viinirypäleet perusteellisesti, kerros kerrallaan, kattilassa vedellä. Kuumenna kiehuvaksi, peitä ja hauduta 10 minuuttia.

b) Siivilöi mehu hyytelöpussin tai kaksinkertaisen juustokankaan läpi. Mittaa sokeri ja laita sivuun.

c) Yhdistä 6-1/2 kupillista mehua voin ja pektiinin kanssa suuressa kattilassa. Kuumenna kovaksi korkealla lämmöllä koko ajan sekoittaen. Lisää sokeri ja palauta kiehuvaksi. Keitä kovasti 1 minuutti koko ajan sekoittaen.

d) Poista lämmöltä, kuori nopeasti pois vaahto ja täytä steriilit purkit jättäen 1/4 tuuman ylätilaa. Pyyhi purkkien reunat kostutetulla puhtaalla talouspaperilla.

e) Säädä kannet ja käsittele.

25. Kultainen pippuri hyytelö

Ainesosat:

- 5 kupillista hienonnettua keltaista paprikaa
- kupillista hienonnettua Serrano- chilipippuria
- 1-1/2 kuppia valkoista tislattua etikkaa (5%)
- 5 kuppia sokeria
- 1 pussi (3 unssia) nestemäistä pektiiniä

Reittiohjeet:

a) Pese kaikki paprikat huolellisesti; poista paprikoista kannat ja siemenet. Laita makeat ja kuumat paprikat tehosekoittimeen tai tehosekoittimeen.

b) Lisää etikkaa sen verran, että paprikat soseutetaan, ja soseuta sitten. Yhdistä pippuri-etikkasose ja jäljellä oleva etikka 8 tai 10 litran kattilaan. Kuumenna kiehuvaksi; keitä sitten 10 minuuttia makujen ja värin poistamiseksi.

c) Ota pois lämmöltä ja siivilöi hyytelöpussin läpi kulhoon. (Hyyläpussi on suositeltava; useita kerroksia juustokangasta voidaan myös käyttää.)

d) Mittaa 2-1/4 kupillista siivilöityä pippuri-etikkamehua takaisin kattilaan. Sekoita joukkoon sokeri, kunnes se on liuennut ja palauta seos kiehuvaksi. Lisää pektiini, palauta kiehuvaksi ja keitä kovasti 1 minuutti jatkuvasti sekoittaen.

e) Poista lämmöltä, kuori nopeasti pois mahdollinen vaahto ja täytä steriileihin purkkeihin jättäen 1/4 tuuman ylätilaa. Pyyhi purkkien reunat kostutetulla puhtaalla talouspaperilla.

f) Säädä kannet ja käsittele.

26. Persikka-ananaslevite

Ainesosat:

- 4 kupillista valutettua persikkalihaa
- 2 kupillista valutettua makeuttamatonta murskattua ananasta
- 1/4 kuppia pullotettua sitruunamehua
- 2 kuppia sokeria (valinnainen)

Reittiohjeet:

a) Pese perusteellisesti 4-6 kiloa kiinteitä, kypsiä persikoita. Valuta hyvin. Kuori ja poista kuopat. Jauha hedelmäliha keskipitkällä tai karkealla terällä tai murskaa haarukalla (älä käytä tehosekoitinta).

b) Laita jauhetut tai murskatut hedelmät 2 litran kattilaan. Kuumenna hitaasti vapauttaaksesi mehua jatkuvasti sekoittaen, kunnes hedelmät ovat pehmeitä.

c) Laita keitetyt hedelmät hyytelöpussiin tai siivilöihin, jotka on vuorattu neljällä juustokankaalla. Anna mehun valua noin 15 minuuttia. Säästä mehu hyytelöä tai muuta käyttöä varten.

d) Mittaa 4 kupillista valutettua hedelmälihaa levitteen valmistamiseksi. Yhdistä 4 kupillista hedelmälihaa, ananasta ja sitruunamehua 4 litran kattilassa. Lisää halutessasi enintään 2 kupillista sokeria ja sekoita hyvin. Kuumenna ja keitä varovasti 10-15 minuuttia sekoittaen tarpeeksi, jotta se ei tartu.

e) Täytä kuumat purkit nopeasti jättäen 1/4 tuuman ylätilaa. Pyyhi purkkien reunat kostutetulla puhtaalla talouspaperilla.

f) Säädä kannet ja käsittele.

27. Jäähdytetty omenalevite

Ainesosat:

- 2 rkl maustamatonta gelatiinijauhetta
- 1 litran pullo makeuttamatonta omenamehua
- 2 rkl pullotettua sitruunamehua
- 2 rkl nestemäistä vähäkalorista makeutusainetta
- Haluttaessa elintarvikeväriä

Reittiohjeet:

a) Pehmennä gelatiini kattilassa omena- ja sitruunamehussa. Liuottaa gelatiini kiehuvaksi ja keitä 2 minuuttia. Poista lämmöltä. Sekoita joukkoon halutessasi makeutusainetta ja elintarvikeväriä.

b) Täytä purkit jättäen 1/4 tuuman ylätilaa. Pyyhi purkkien reunat kostutetulla puhtaalla talouspaperilla. Säädä kannet. Älä käsittele tai pakasta.

c) Säilytä jääkaapissa ja käytä 4 viikon kuluessa.

28. Jääkaappi rypälelevite

Ainesosat:

- 2 rkl maustamatonta gelatiinijauhetta
- 1 pullo (24 unssia) makeuttamatonta viinirypälemehua
- 2 rkl pullotettua sitruunamehua
- 2 rkl nestemäistä vähäkalorista makeutusainetta

Reittiohjeet:

a) Pehmennä gelatiini kattilassa rypäle- ja sitruunamehussa. Kuumenna täyteen kiehuvaksi gelatiinin liuottamiseksi. Keitä 1 minuutti ja poista lämmöltä. Sekoita joukkoon makeutusaine.

b) Täytä kuumat purkit nopeasti jättäen 1/4 tuuman ylätilaa. Pyyhi purkkien reunat kostutetulla puhtaalla talouspaperilla.

c) Säädä kannet. Älä käsittele tai pakasta.

d) Säilytä jääkaapissa ja käytä 4 viikon kuluessa.

29. Apple Jelly ilman lisättyä pektiiniä

Ainesosat:

- 4 kuppia omenamehua
- 2 rkl siivilöityä sitruunamehua halutessasi
- 3 kuppia sokeria

Reittiohjeet:

a) Mehun valmistukseen. Käytä neljäsosa alikypsistä omenoista ja kolme neljäsosaa täysin kypsiä hapokkaita hedelmiä.

b) Järjestellä, pese ja poista varren ja kukinnan päät; älä pare tai ydin. Leikkaa omenat pieniksi paloiksi. Lisää vesi, peitä ja kiehauta korkealla lämmöllä. Vähennä lämpöä ja keitä 20-25 minuuttia tai kunnes omenat ovat pehmeitä. Pura mehu.

c) Hyytelön valmistamiseksi. Mittaa joukkoon omenamehu kattila. Lisää sitruunamehu ja sokeri ja sekoita hyvin. Keitä korkealla lämmöllä 8 °F veden kiehumispisteen yläpuolelle tai kunnes hyyteloseos putoaa levyksi lusikasta.

d) Poista lämmöltä; kuorii vaahto nopeasti pois. Kaada hyytelö välittömästi kuumiin, steriileihin purkkeihin $\frac{1}{4}$ tuuman päähän ylhäältä. Sulje ja käsittele 5 minuuttia kiehuvassa vesihauteessa.

30. Omenamarmeladi ilman lisättyä pektiiniä

Ainesosat:

- 8 kuppia ohuiksi viipaleina omenoita
- 1 oranssi
- 1½ kupillista vettä
- 5 kuppia sokeria
- 2 rkl sitruunamehua

Reittiohjeet:

a) Hedelmien valmistukseen. Valitse hapan omenat. Pese, kuutioi, neljäsosia ja poista omenat. Leikkaa ohuiksi. Pilko appelsiini neljään osaan, poista siemenet ja viipaloi hyvin ohuiksi.

b) Marmeladin tekemiseen. Kuumenna vettä ja sokeria, kunnes sokeri on liuennut. Lisää sitruunamehu ja hedelmät. Keitä nopeasti sekoittaen jatkuvasti 9 °F veden kiehumispisteen yläpuolelle tai kunnes seos paksunee. Poista lämmöltä; kuoria.

c) Kaada välittömästi kuumiin, steriileihin purkkeihin ½ tuuman päähän ylhäältä. Tiiviste. Käsittele 5 minuuttia kiehuvassa vesihauteessa.

31. Blackberry Jelly ilman lisättyä pektiiniä

Ainesosat:

- 8 kupillista karhunvatukkamehua
- 6 kuppia sokeria

Reittiohjeet:

a) Mehun valmistukseen. Valitse yksi neljäsosa alikypsistä marjoista ja kolme neljäsosaa kypsiä hedelmiä. Lajittele ja pese; poista kaikki varret tai korkit. Murskaa marjat, lisää vesi, peitä ja kiehauta korkealla lämmöllä. Vähennä lämpöä ja keitä 5 minuuttia. Pura mehu.

b) Hyytelön valmistamiseksi. Mittaa mehu kattilaan. Lisää sokeri ja sekoita hyvin. Keitä korkealla lämmöllä 8 °F veden kiehumispisteen yläpuolelle tai kunnes hyytelöseos putoaa levyksi lusikasta.

c) Poista lämmöltä; kuorii vaahto nopeasti pois. Kaada hyytelö välittömästi kuumiin, steriileihin purkkeihin $\frac{1}{4}$ tuuman päähän ylhäältä. Sulje ja käsittele 5 minuuttia kiehuvassa vesihauteessa.

32. Kirsikkahyytelö jauhetulla pektiinillä

Ainesosat:

- 3 ½ kuppia kirsikkamehua
- 1 pakkaus jauhettua pektiiniä
- 4 ½ kuppia sokeria

Reittiohjeet:

a) Mehun valmistukseen. Valitse täysin kypsät kirsikat. Lajittele, pese ja poista varret; älä kuoppa. Murskaa kirsikat, lisää vesi, peitä, kiehauta korkealla lämmöllä. Vähennä lämpöä ja keitä 10 minuuttia. Pura mehu.

b) Hyytelön valmistamiseksi. Mittaa mehu kattilaan. Lisää pektiini ja sekoita hyvin. Laita korkealle lämmölle ja kuumenna jatkuvasti sekoittaen nopeasti kiehuvaksi, jota ei voi sekoittaa.

c) Lisää sokeri, jatka sekoittamista ja kuumenna uudelleen kiehuvaksi. Keitä kovaksi 1 minuutti.

d) Poista lämmöltä; kuorii vaahto nopeasti pois. Kaada hyytelö kuumiin, steriileihin purkkeihin ¼ tuuman päähän yläosasta. Sulje ja käsittele 5 minuuttia kiehuvassa vesihauteessa.

33. Kirsikkahillo jauhetulla pektiinillä

Ainesosat:

- 4 kuppia jauhettuja kivettömiä kirsikoita
- 1 pakkaus jauhettua pektiiniä
- 5 kuppia sokeria

Reittiohjeet:

a) Hedelmien valmistukseen. Lajittele ja pese täysin kypsät kirsikat; poista varret ja kuopat. Jauha kirsikat tai hienonna hienoksi.

b) Tee hilloa. Mittaa valmiit kirsikat kattilaan. Lisää pektiini ja sekoita hyvin. Laita korkealle lämmölle ja koko ajan sekoittaen nopeasti kiehuvaksi kuplia koko pinnalla.

c) Lisää sokeri, jatka sekoittamista ja kuumenna uudelleen kiehuvaksi. Keitä kovasti 1 minuutti koko ajan sekoittaen. Poista lämmöltä; kuoria.

d) Kaada välittömästi kuumiin, steriileihin purkkeihin $\frac{1}{4}$ tuuman päähän yläosasta. Sulje ja käsittele 5 minuuttia kiehuvassa vesihauteessa.

34. Viikunahillo nestemäisellä pektiinillä

Ainesosat:

- 4 kuppia murskattuja viikunoita (noin 3 kiloa viikunoita)
- ½ kuppi sitruunamehua
- 7 ½ kuppia sokeria
- ½ pullo nestemäistä pektiiniä

Reittiohjeet:

a) Hedelmien valmistukseen. Lajittele ja pese täysin kypsät viikunat; poista varren päät. Murskaa tai jauha hedelmät.

b) Tee hilloa. Laita murskatut viikunat ja sitruunamehu kattilaan. Lisää sokeri ja sekoita hyvin. Laita korkealle lämmölle ja kuumenna koko ajan sekoittaen nopeasti täyteen kiehumispisteeseen jossa on kuplia koko pinnalla. Keitä kovasti 1 minuutti koko ajan sekoittaen.

c) Poista lämmöltä. Sekoita joukkoon pektiini. Kuori vaahto nopeasti pois. Kaada välittömästi kuumiin, steriileihin purkkeihin ¼ tuuman kokoisiksi purkkeiksi Alusta. Sulje ja käsittele 5 minuuttia kiehuvassa vesihauteessa.

35. Rypälehyytelö jauhetulla pektiinillä

Ainesosat:

- 5 kuppia viinirypälemehua
- 1 pakkaus jauhettua pektiiniä
- 7 kuppia sokeria

Reittiohjeet:

a) Mehun valmistukseen. Lajittele, pese ja poista kannat täysin kypsistä rypäleistä. Murskaa viinirypäleet, lisää vesi, peitä ja kiehauta korkealla lämmöllä. Vähennä lämpöä ja keitä 10 minuuttia. Pura mehu .

b) Hyytelön valmistamiseksi. Mittaa mehu kattilaan. Lisää pektiini ja sekoita hyvin. Laita korkealle lämmölle ja kuumenna jatkuvasti sekoittaen nopeasti kiehuvaksi, jota ei voi sekoittaa.

c) Lisää sokeri, jatka sekoittamista ja kuumenna uudelleen kiehuvaksi. Keitä kovaksi 1 minuutti.

d) Poista lämmöltä; kuori vaahto nopeasti pois. Kaada hyytelö välittömästi kuumiin, steriileihin purkkeihin $\frac{1}{4}$ tuuman päähän ylhäältä. Sulje ja käsittele 5 minuuttia kiehuvassa vesihauteessa.

Tekee 8 tai 9 puolitupin purkkia.

36. Minttu-ananashillo nestemäisellä pektiinillä

Ainesosat:

- Yksi 20 unssia. voi murskattua ananasta ¾ kuppia vettä
- ¼ kupillista sitruunamehua
- 7 ½ kuppia sokeria
- 1 pullo nestemäistä pektiiniä ½ tl minttuuutetta Muutama tippa vihreää väriainetta

Reittiohjeet:

a) Laita murskattu ananas kattilaan. Lisää vesi, sitruunamehu ja sokeria. Sekoita hyvin.

b) Laita korkealle lämmölle ja jatkuvasti sekoittaen, kiehauta nopeasti kuplia koko pinnalla. Keitä kovasti 1 minuutti koko ajan sekoittaen. Poista lämmöltä; lisää pektiiniä, makuuutetta ja väriainetta. Kuori.

c) Kaada välittömästi kuumiin, steriileihin purkkeihin ¼ tuuman päähän yläosasta. Sulje ja käsittele 5 minuuttia kiehuvassa vesihauteessa.

Tekee 9 tai 10 puolitupin purkkia.

37. Sekoitettu hedelmähyytelö nestemäisen pektiinin kanssa

Ainesosat:

- 2 kuppia karpalomehua
- 2 kuppia kvittenimehua
- 1 kuppi omenamehua
- 7 ½ kuppia sokeria
- ½ pulloa nestemäistä pektiiniä

Reittiohjeet:

a) Hedelmien valmistukseen. Lajittele ja pese täysin kypsät karpalot. Lisää vesi, peitä ja kiehauta korkealla lämmöllä. Vähennä lämpöä ja keitä 20 minuuttia. Pura mehu.

b) Lajittele ja pese kvitteni. Poista varren ja kukkien päät; älä pare tai ydin. Viipaloi hyvin ohuiksi tai leikkaa pieniksi paloiksi. Lisää vesi, peitä ja kiehauta korkealla lämmöllä. Vähennä lämpöä ja keitä 25 minuuttia. Pura mehu.

c) Lajittele ja pese omenat. Poista varren ja kukkien päät; älä pare tai ydin. Leikkaa pieniksi paloiksi. Lisää vesi, peitä ja kiehauta korkealla lämmöllä. Vähennä lämpöä ja keitä 20 minuuttia. Pura mehu.

d) Hyytelön valmistamiseksi. Mittaa mehut kattilaan. Sekoita joukkoon sokeri. Laita korkealle lämmölle ja kuumenna jatkuvasti sekoittaen nopeasti täyteen kiehuvaan kiehuvaan, jota ei voi sekoittaa alas.

e) Lisää pektiini ja palauta täysi kiehuvaksi. Keitä kovaksi 1 minuutti.

f) Poista lämmöltä; kuorii vaahto nopeasti pois. Kaada hyytelö välittömästi kuumiin, steriileihin purkkeihin $\frac{1}{4}$ tuuman päähän ylhäältä. Sulje ja käsittele 5 minuuttia kiehuvassa vesihauteessa.

Tekee yhdeksän tai kymmenen 8 unssin purkkia.

38. Appelsiini hyytelö

Ainesosat:

- 3¼ kuppia sokeria
- 1 kuppi vettä
- 3 rkl sitruunamehua ½ pullo nestemäistä pektiiniä
- Yksi 6 unssin tölkki (¾ kuppi) pakastettua tiivistettyä appelsiinimehua

Reittiohjeet:

a) Sekoita sokeri veteen. Laita korkealle lämmölle ja kuumenna jatkuvasti sekoittaen nopeasti täyteen kiehuvaan kiehuvaan, jota ei voida sekoittaa.

b) Lisää sitruunamehu. Keitä kovaksi 1 minuutti.

c) Poista lämmöltä. Sekoita joukkoon pektiini. Lisää sulatettu appelsiinimehutiiviste ja sekoita hyvin.

d) Kaada hyytelö välittömästi kuumiin, steriileihin purkkeihin ¼ tuuman päähän ylhäältä. Sulje ja käsittele 5 minuuttia kiehuvassa vesihauteessa.

Tekee 4 tai 5 puolitupin purkkia.

39. Maustettu appelsiinihyytelö

Ainesosat:

- 2 kuppia appelsiinimehua
- 1/3 kuppia sitruunamehua
- 2/3 kuppia vettä
- 1 pakkaus jauhettua pektiiniä
- 2 rkl appelsiinin kuorta, hienonnettu
- 1 tl kokonaista maustepippuria
- $\frac{1}{2}$ tl kokonaisia neilikkaa
- 4 kanelitankoa, 2 tuumaa pitkä
- $3\frac{1}{2}$ kuppia sokeria

Reittiohjeet:

a) Sekoita appelsiinimehu, sitruunamehu ja vesi suuressa kattilassa.

b) Sekoita joukkoon pektiini.

c) Laita appelsiinin kuori, maustepippuri, neilikka ja kanelitangot löysästi puhtaaseen valkoiseen liinaan, sido nauhalla ja lisää hedelmäseos.

d) Laita korkealle lämmölle ja kuumenna jatkuvasti sekoittaen nopeasti täyteen kiehuvaan kiehuvaan, jota ei voi sekoittaa alas.

e) Lisää sokeri, jatka sekoittamista ja kuumenna uudelleen kiehuvaksi. Keitä kovaksi 1 minuutti.

f) Poista lämmöltä. Poista maustepussi ja kuori vaahto nopeasti pois. Kaada hyytelö välittömästi kuumiin, steriileihin purkkeihin ¼ tuuman päähän ylhäältä. Sulje ja käsittele 5 minuuttia kiehuvassa vesihauteessa.

Tekee 4 puolen tuopin purkkia.

40. Appelsiinimarmeladi

Ainesosat:

- ¾ kuppi greipin kuorta (½ greippiä)
- ¾ kuppi appelsiinin kuorta (1 appelsiini)
- 13/ kupillista sitruunan kuorta (1 sitruuna)
- 1 litra kylmää vettä
- 1 greipin hedelmäliha
- 4 keskikokoisen appelsiinin hedelmäliha
- 2 dl sitruunamehua _
- 2 kuppia kiehuvaa vettä
- 3 kuppia sokeria

Reittiohjeet:

a) Hedelmien valmistukseen. Pese ja kuori hedelmät. Leikkaa kuori ohuiksi nauhoiksi. Lisää kylmä vesi ja keitä kannella kypsiksi (noin 30 minuuttia). Valua.

b) Poista kuorituista hedelmistä siemenet ja kalvo. Leikkaa hedelmät pieniksi paloiksi.

c) Marmeladin tekemiseen. Lisää kiehuvaa vettä kuoreen ja hedelmiin. Lisää sokeri ja keitä nopeasti 9 °F veden kiehumispisteen yläpuolelle (noin 20 minuuttia) sekoittaen usein. Poista lämmöltä; kuoria.

d) Kaada välittömästi kuumiin, steriileihin purkkeihin $\frac{1}{4}$ tuuman päähän yläosasta. Sulje ja käsittele 5 minuuttia kiehuvassa vesihauteessa.

Tekee 3 tai 4 puolitupin purkkia.

41. Aprikoosi-appelsiini säilyke

Ainesosat:

- 3 ½ kuppia hienonnettuja valutettuja aprikooseja
- 1 ½ kuppia appelsiinimehua
- ½ appelsiinin kuori, raastettu
- 2 rkl sitruunamehua
- 3 ¼ kuppia sokeria
- ½ kuppia hienonnettuja pähkinöitä

Reittiohjeet:

a) Kuivattujen aprikoosien valmistukseen. Keitä aprikoosit ilman kantta 3 kupissa vettä kypsiksi (noin 20 minuuttia); valuta ja hienonna.

b) Säilyttääkseen. Yhdistä kaikki ainekset paitsi pähkinät. Keitä 9 °F veden kiehumispisteen yläpuolella tai paksuksi koko ajan sekoittaen. Lisää pähkinät; Sekoita hyvin. Poista lämmöltä; kuoria.

c) Kaada välittömästi kuumiin, steriileihin purkkeihin ¼ tuuman päähän yläosasta. Sulje ja käsittele 5 minuuttia kiehuvassa vesihauteessa.

Tekee noin 5 puolitupin purkkia.

42. Persikkahillo jauhetulla pektiinillä

Ainesosat:

- 3 ¾ kuppia murskattua persikkaa s
- ½ kuppi sitruunamehua
- 1 pakkaus jauhettua pektiiniä
- 5 kuppia sokeria

Reittiohjeet:

a) Hedelmien valmistukseen. Lajittele ja pese täysin kypsät persikat. Poista varret, kuoret ja kuopat. Murskaa persikat.

b) Tee hilloa. Mittaa murskatut persikat kattilaan. Lisää sitruunamehu ja pektiini; Sekoita hyvin. Laita korkealle lämmölle ja kuumenna jatkuvasti sekoittaen ja kiehauta nopeasti kuplia koko pinnalla.

c) Lisää sokeri, jatka sekoittamista ja kuumenna uudelleen täyteen, kuplivaan kiehuvaan kiehuvaan. Keitä kovasti 1 minuutti koko ajan sekoittaen. Poista lämmöltä; kuoria.

d) Kaada välittömästi kuumiin, steriileihin purkkeihin ¼ tuuman päähän yläosasta. Sulje ja käsittele 5 minuuttia kiehuvassa vesihauteessa.

Tekee noin 6 puolitupin purkkia.

43. Maustettu mustikka-persikkahillo

Ainesosat:

- 4 kupillista hienonnettua tai jauhettua persikkaa s
- 4 kuppia mustikoita
- 2 rkl sitruunamehua
- $\frac{1}{2}$ kuppi vettä
- $5\frac{1}{2}$ kuppia sokeria
- $\frac{1}{2}$ teelusikallinen suolaa
- 1 puikko kanelia
- $\frac{1}{2}$ tl kokonaisia neilikkaa
- $\frac{1}{4}$ tl kokonaista maustepippuria

Reittiohjeet:

a) Hedelmien valmistukseen. Lajittele ja pese täysin kypsät persikat; kuori ja poista kuopat. Hienonna tai jauha persikat.

b) Lajittele, pese ja poista tuoreista mustikoista kaikki varret.

c) Sulata pakastetut marjat.

d) Tee hilloa. Mittaa hedelmät kattilaan; lisää sitruunamehu ja vesi. Peitä, kiehauta ja keitä 10 minuuttia välillä sekoittaen.

e) Lisää sokeri ja suola; Sekoita hyvin. Lisää juustokankaaseen sidottu mausteet. Keitä nopeasti jatkuvasti sekoittaen 9 °F veden kiehumispisteen yläpuolelle tai kunnes seos paksunee.

f) Kaada välittömästi kuumiin, steriileihin purkkeihin ¼ tuuman päähän yläosasta. Sulje ja käsittele 5 minuuttia kiehuvassa vesihauteessa.

Tekee 6 tai 7 puolitupin purkkia.

44. Persikka-appelsiinimarmeladi

Ainesosat:

- 5 kupillista hienonnettua tai jauhettua persikkaa
- 1 kuppi hienonnettuja tai jauhettuja appelsiineja

Reittiohjeet:

a) 1 appelsiinin kuori, raastettu 2 rkl sitruunamehua 6 kuppia sokeria

b) Hedelmien valmistukseen. Lajittele ja pese täysin kypsät persikat. C hienonna tai jauha persikat.

c) Poista appelsiineista kuori, valkoinen osa ja siemenet.

d) C hienonna tai jauha massa.

e) Marmeladin tekemiseen. Mittaa valmistetut hedelmät kattilaan. Lisää loput ainekset ja sekoita hyvin. Keitä nopeasti jatkuvasti sekoittaen 9 °F veden kiehumispisteen yläpuolelle tai kunnes seos paksunee. Poista lämmöltä; kuoria.

f) Kaada välittömästi kuumiin, steriileihin purkkeihin $\frac{1}{4}$ tuuman päähän yläosasta. Sulje ja käsittele 5 minuuttia kiehuvassa vesihauteessa.

Tekee 6 tai 7 puolitupin purkkia.

45. Ananashillo nestemäisellä pektiinillä

Ainesosat:

- Yksi 20 unssin purkki murskattu ananas
- 3 rkl sitruunamehua
- 3¼ kuppia sokeria
- ½ pulloa nestemäistä pektiiniä

Reittiohjeet:

a) Yhdistä ananas ja sitruunamehu kattilassa. Lisää sokeri ja sekoita hyvin. Laita korkealle lämmölle ja kiehauta koko ajan sekoittaen ja kuplia koko ajan pinta.

b) Keitä kovasti 1 minuutti koko ajan sekoittaen.

c) Poista lämmöltä; sekoita joukkoon pektiini. Kuori.

d) Anna seistä 5 minuuttia.

e) Kaada välittömästi kuumiin, steriileihin purkkeihin ¼ tuuman päähän yläosasta.

f) Sulje ja käsittele 5 minuuttia kiehuvassa vesihauteessa.

Tekee 4 tai 5 puolitupin purkkia.

46. Luumuhyytelö nestemäisellä pektiinillä

Ainesosat:

- 4 kuppia luumumehua
- 7 ½ kuppia sokeria
- ½ pulloa nestemäistä pektiiniä

Reittiohjeet:

a) Mehun valmistukseen. Lajittele ja pese täysin kypsät luumut ja leikkaa paloiksi; älä kuori tai kuoppa. Murskaa hedelmät, lisää vesi, peitä ja kiehauta korkealla lämmöllä. Vähennä lämpöä ja keitä 10 minuuttia. Pura mehu.

b) Hyytelön valmistamiseksi. Mittaa mehu kattilaan. Sekoita joukkoon sokeri. Laita korkealle lämmölle ja kuumenna jatkuvasti sekoittaen nopeasti täyteen kiehuvaan kiehuvaan, jota ei voi sekoittaa alas.

c) Lisää pektiini; kuumenna uudelleen täyteen kiehuvaksi. Keitä kovaksi 1 minuutti.

d) Poista lämmöltä; kuorii vaahto nopeasti pois. Kaada hyytelö välittömästi kuumiin, steriileihin purkkeihin ¼ tuuman päähän ylhäältä. Sulje ja käsittele 5 minuuttia kiehuvassa vesihauteessa.

Tekee 7 tai 8 puolitupin purkkia.

47. Quince Jelly ilman lisättyä pektiiniä

Ainesosat:

- 3 ¾ kuppia kvittenimehua
- 1/3 kuppia sitruunamehua
- 3 kuppia sokeria

Reittiohjeet:

a) Mehun valmistukseen. Valitse noin neljäsosa alikypsistä kvittenistä ja kolme neljäsosaa täysin kypsiä hedelmiä. Lajittele, pese ja poista varret ja kukinnanpäät; älä pare tai ydin. Viipaloi kvitteni hyvin ohuiksi tai leikkaa pieniksi paloiksi.

b) Lisää vesi, peitä ja kiehauta korkealla lämmöllä. Vähennä lämpöä ja keitä 25 minuuttia. Pura mehu.

c) Hyytelön valmistamiseksi. Mittaa kvittenimehu kattilaan. Lisää sitruunamehu ja sokeri. Sekoita hyvin. Keitä korkealla lämmöllä 8 °F veden kiehumispisteen yläpuolelle tai kunnes hyyteloseos muodostaa levyn lusikasta.

d) Poista lämmöltä; kuorii vaahto nopeasti pois. Kaada hyytelö kuumiin, steriileihin purkkeihin ¼ tuuman päähän yläosasta. Sulje ja käsittele 5 minuuttia kiehuvassa vesihauteessa.

e) Tekee noin neljä 8 unssin purkkia.

48. Mansikkahillo jauhetulla pektiinillä

Ainesosat:

- 5½ kuppia murskattuja mansikoita
- 1 pakkaus jauhettua pektiiniä
- 8 kuppia sokeria

Reittiohjeet:

a) Hedelmien valmistukseen. Lajittele ja pese täysin kypsät mansikat; irrota varret ja korkit. Murskaa marjat.

b) Tee hilloa. Mittaa murskatut mansikat kattilaan. Lisää pektiini ja sekoita hyvin. Laita korkealle lämmölle ja kuumenna jatkuvasti sekoittaen nopeasti täyteen kiehuvaksi niin, että koko pinnalla on kuplia.

c) Lisää sokeri, jatka sekoittamista ja kuumenna uudelleen täyteen, kuplivaan kiehuvaan kiehuvaan. Keitä kovasti 1 minuutti koko ajan sekoittaen. Poista lämmöltä; kuoria.

d) Kaada välittömästi kuumiin, steriileihin purkkeihin ¼ tuuman päähän yläosasta. Sulje ja käsittele 5 minuuttia kiehuvassa vesihauteessa.

e) Tekee 9 tai 10 puolitupin purkkia.

49. Tutti-Frutti Jam

Ainesosat:

- 3 kuppia hienonnettuja tai jauhettuja päärynöitä
- 1 iso appelsiini
- ¾ kuppi valutettua murskattua ananasta
- ¼ kuppi hienonnettuja maraschino-kirsikoita
- ¼ kupillista sitruunamehua
- 1 pakkaus jauhettua pektiiniä
- 5 kuppia sokeria

Reittiohjeet:

a) Hedelmien valmistukseen. Lajittele ja pese kypsät päärynät; pare ja ydin. Hienonna tai hienonna päärynät. Kuori appelsiini, poista siemenet ja hienonna tai jauha hedelmäliha.

b) Tee hilloa. Mittaa hienonnetut päärynät kattilaan. Lisää appelsiini, ananas, kirsikat ja sitruunamehu. Sekoita joukkoon pektiini.

c) Laita korkealle lämmölle ja kuumenna jatkuvasti sekoittaen nopeasti täyteen kiehuvaksi niin, että koko pinnalla on kuplia.

d) Lisää sokeri, jatka sekoittamista ja kuumenna uudelleen kiehuvaksi. Keitä kovasti 1 minuutti koko ajan sekoittaen. Poista lämmöltä; kuoria.

e) Kaada välittömästi kuumiin, steriileihin purkkeihin $\frac{1}{4}$ tuuman päähän yläosasta. Sulje ja käsittele 5 minuuttia kiehuvassa vesihauteessa.

Tekee 6 tai 7 puolitupin purkkia.

HEDELMÄT JA HEDELMÄTUOTTEET

50. Omenavoita

Ainesosat:

- 8 lbs omenat
- 2 kuppia siideriä
- 2 kuppia etikkaa
- 2-1/4 kuppia valkoista sokeria
- 2-1/4 kuppia pakattua ruskeaa sokeria
- 2 rkl jauhettua kanelia
- 1 rkl jauhettua neilikkaa

Reittiohjeet:

a) Pese, poista varret, neljäsosa ja ydin hedelmät. Keitä hitaasti siiderissä ja etikassa pehmeäksi. Purista hedelmät siivilän, elintarvikemyllyn tai siivilän läpi. Kypsennä hedelmäliha sokerin ja mausteiden kanssa sekoittaen usein.

b) Testaa kypsyys poistamalla lusikallinen ja pitämällä sitä poissa höyrystä 2 minuuttia. Se on tehty, jos voi jää lusikan päälle. Toinen tapa määrittää, milloin voita on kypsennetty riittävästi, on lusikata pieni määrä lautaselle. Täytä kuumana steriileihin puolitupin tai tuopin purkkeihin jättäen 1/4 tuuman ylätilaa. Pyyhi purkkien reunat kostutetulla puhtaalla talouspaperilla.

c) Säädä kannet ja käsittele.

51. Maustettuja omenarenkaita

Ainesosat:

- 12 lbs. kiinteät happamat omenat (enimmäishalkaisija, 2-1/2 tuumaa)

- 12 kuppia sokeria

- 6 kuppia vettä

- 1-1/4 kuppia valkoviinietikkaa (5%)

- 3 ruokalusikallista kokonaisia neilikkaa

- 3/4 kuppia punaisia kuumia kanelikarkkeja tai

- 8 kanelitankoa ja

- 1 tl punaista elintarvikeväriä (valinnainen)

Reittiohjeet:

a) Pese omenat. Estä värimuutos kuorimalla ja viipaloimalla yksi omena kerrallaan. Leikkaa heti poikittain 1/2 tuuman viipaleiksi, poista ydinalue melonipallolla ja upota askorbiinihappoliuokseen .

b) Maustetun siirapin valmistamiseksi sekoita sokeri, vesi, etikka, neilikka, kanelikaramellit tai kanelitangot ja elintarvikevärit 6 qt:n kattilassa. Sekoita, kuumenna kiehuvaksi ja keitä 3 minuuttia.

c) Valuta omenat, lisää kuumaan siirappiin ja keitä 5 minuuttia. Täytä kuumat purkit (mieluiten leveäsuiset) omenarenkailla ja kuumalla maustetulla siirapilla jättäen 1/2 tuuman ylätilaa.

d) Poista ilmakuplat ja säädä ylätilaa tarvittaessa. Pyyhi purkkien reunat kostutetulla puhtaalla talouspaperilla.

e) Säädä kannet ja käsittele.

52. Maustetut rapuomenat

Ainesosat:

- 5 lbs rapu omenat
- 4-1/2 kuppia omenaviinietikkaa (5%)
- 3-3/4 kuppia vettä
- 7-1/2 kuppia sokeria
- 4 tl kokonaisia neilikkaa
- 4 tikkua kanelia
- Kuusi 1/2 tuuman kuutiota tuoretta inkivääri juurta

Reittiohjeet:

a) Poista terälehdet ja pese omenat, mutta jätä varret kiinni. Puhdista jokaisen omenan kuori neljä kertaa jäätikulla tai hammastikulla. Sekoita etikka, vesi ja sokeri ja kiehauta.

b) Lisää mausteet maustepussiin tai juustokankaaseen sidottuna. Upota vaahdotuskorin tai siivilän avulla 1/3 omenoista kerrallaan kiehuvassa etikka/siirappiliuoksessa 2 minuuttia. Laita keitetyt omenat ja maustepussi puhtaaseen 1 tai 2 gallonan astiaan ja lisää kuuma siirappi.

c) Peitä ja anna seistä yön yli. Poista maustepussi, valuta siirappi isoon kattilaan ja kuumenna kiehuvaksi. Täytä kuumat pint-purkit omenoilla ja kuumalla siirapilla jättäen

1/2 tuuman ylätilaa. Poista ilmakuplat ja säädä ylätilaa tarvittaessa.

d) Pyyhi purkkien reunat kostutetulla puhtaalla talouspaperilla. Säädä kannet ja käsittele.

53. Cantaloupe suolakurkkua

Ainesosat:

- 5 lbs 1 tuuman cantaloupe-kuutiot
- 1 tl murskattuja punapippurihiutaleita
- 2 yhden tuuman kanelitankoa
- 2 tl jauhettua neilikkaa
- 1 tl jauhettua inkivääriä
- 4-1/2 kuppia siiderietikkaa (5%)
- 2 kuppia vettä
- 1-1/2 kuppia valkoista sokeria
- 1-1/2 kuppia pakattu vaaleanruskea sokeri
- Saanto: Noin 4 tuopin purkkia

Reittiohjeet:

Päivä yksi:

a) Pese cantaloupe ja leikkaa se puoliksi; poista siemenet. Leikkaa 1 tuuman viipaleiksi ja kuori. Leikkaa hedelmälihasuikaleet 1 tuuman kuutioiksi.

b) Punnitse 5 kiloa paloja ja laita ne suureen lasikulhoon. Laita paprikahiutaleet, kanelitangot, neilikka ja inkivääri maustepussiin ja solmi päät tiukasti.

c) Yhdistä etikka ja vesi 4 litran kattilassa. Kuumenna kiehuvaksi ja sammuta sitten lämpö. Lisää maustepussi etikka-vesi-seokseen ja anna hautua 5 minuuttia välillä sekoittaen. Kaada kuuma etikkaliuos ja maustepussi melonipalojen päälle kulhossa. Peitä elintarvikekelpoisella muovikannella tai kelmulla ja anna seistä yön yli jääkaapissa (noin 18 tuntia).

Päivä kaksi:

d) Kaada varovasti etikkaliuos suureen 8-10 litran kattilaan ja kiehauta. Lisää sokeri; sekoita liukenemaan. Lisää cantaloupe ja kuumenna takaisin kiehuvaksi. Pienennä lämpöä ja anna kiehua, kunnes cantaloupe-palat muuttuvat läpikuultaviksi (noin 1-1-1/4 tuntia). Poista cantaloupe-palat keskikokoiseen kattilaan, peitä ja aseta sivuun.

e) Kuumenna jäljellä oleva neste kiehuvaksi ja keitä vielä 5 minuuttia. Palauta cantaloupe nestemäiseen siirappiin ja kiehauta. Täytä kuumat cantaloupe-palat reikalusikalla kuumiin pinttölkkeihin jättäen 1 tuuman tilaa. Peitä kiehuvalla kuumalla siirapilla jättäen 1/2 tuuman ylätilaa.

f) Poista ilmakuplat ja säädä ylätilaa tarvittaessa. Pyyhi purkkien reunat kostutetulla puhtaalla talouspaperilla. Säädä kannet ja käsittele.

54. Karpalo-appelsiinichutney

Ainesosat:

- 24 unssia tuoreita kokonaisia karpaloita
- 2 kuppia hienonnettua valkosipulia
- 2 kupillista kultaista rusinaa
- 1-1/2 kuppia valkoista sokeria
- 1-1/2 kuppia pakattua ruskeaa sokeria
- 2 kuppia valkoista tislattua etikkaa (5%)
- 1 kuppi appelsiinimehua
- 4 tl kuorittua, raastettua tuoretta inkivääriä
- 3 tikkua kanelia

Reittiohjeet:

a) Huuhtele karpalot hyvin. Yhdistä kaikki ainekset suuressa hollantilaisessa uunissa. Kiehauta korkealla lämmöllä; alenna lämpöä ja keitä hiljalleen 15 minuuttia tai kunnes karpalot ovat kypsiä. Sekoita usein, jotta se ei pala.

b) Poista kanelitangot ja hävitä. Täytä kuuma chutney kuumiin puolitupin purkkeihin jättäen 1/2 tuuman ylätilaa.

c) Poista ilmakuplat ja säädä ylätilaa tarvittaessa. Pyyhi purkkien reunat kostutetulla puhtaalla talouspaperilla. Säädä kannet ja käsittele.

55. Mango chutney

Ainesosat:

- 11 kuppia tai 4 lbs. hienonnettu kypsymätön mango
- 2-1/2 dl hienonnettua keltasipulia
- 2-1/2 rkl raastettua tuoretta inkivääriä
- 1-1/2 ruokalusikallista hienonnettua tuoretta valkosipulia
- 4-1/2 kuppia sokeria
- 3 kuppia valkoista tislattua etikkaa (5%)
- 2-1/2 kuppia kultaisia rusinoita
- 1-1 tl säilykesuolaa
- 4 tl chilijauhetta r _

Reittiohjeet:

a) Pese kaikki tuotteet hyvin. Kuori, siemennä ja paloittele mangot 3/4 tuuman kuutioiksi. Pilko mangokuutiot monitoimikoneessa käyttämällä 6 yhden sekunnin pulssia per monitoimikoneerä. (Älä soseuta tai leikkaa liian hienoksi.)

b) Kuori ja kuutioi sipuli käsin, hienonna valkosipuli ja raasta inkivääri. Sekoita sokeri ja etikka 8-10 litran kattilassa. Kuumenna kiehuvaksi ja keitä 5 minuuttia. Lisää kaikki muut ainekset ja kuumenna takaisin kiehuvaksi.

c) Vähennä lämpöä ja keitä 25 minuuttia välillä sekoittaen. Täytä kuuma chutney kuumaan tuopin tai puolen tuopin purkkeihin jättäen 1/2 tuuman ylätilaa. Poista ilmakuplat ja säädä ylätilaa tarvittaessa.

d) Pyyhi purkkien reunat kostutetulla puhtaalla talouspaperilla. Säädä kannet ja käsittele.

56. Mango kastike

Ainesosat:

- 5-1/2 kuppia tai 3-1/4 lbs. mango sose
- 6 ruokalusikallista hunajaa
- 4 rkl pullotettua sitruunamehua
- 3/4 kuppia sokeria
- 2-1/2 teelusikallista (7500 milligrammaa) askorbiinihappoa
- 1/8 tl jauhettua kanelia
- 1/8 tl jauhettua muskottipähkinää

Reittiohjeet:

a) Pese, kuori ja erota mangon hedelmäliha siemenistä. Pilko mangoliha paloiksi ja soseuta tehosekoittimessa tai monitoimikoneessa tasaiseksi.

b) Yhdistä kaikki ainekset 6-8 litran hollantilaisessa uunissa tai kattilassa ja kuumenna keskikorkealla lämmöllä jatkuvasti sekoittaen, kunnes seos saavuttaa 200 °F.

c) Seos roiskuu kuumennettaessa, joten muista käyttää käsineitä tai uunikintaita ihon palamisen välttämiseksi. Täytä kuuma kastike kuumiin puolituopin purkkeihin jättäen 1/4 tuuman ylätilaa.

d) Poista ilmakuplat ja säädä ylätilaa tarvittaessa. Pyyhi purkkien reunat kostutetulla puhtaalla talouspaperilla. Säädä kannet ja käsittele.

57. Sekoitettu hedelmäcocktail

Ainesosat:

- 3 lbs persikat
- 3 lbs päärynät
- 1-1/2 lbs. hieman alle kypsä siemenetön vihreä rypäle
- 10 unssin purkki maraschino-kirsikoita
- 3 kuppia sokeria
- 4 kuppia vettä

Reittiohjeet:

a) Varsi ja pese rypäleet ja säilytä askorbiinihappoliuoksessa.

b) Kasta kypsiä mutta kiinteitä persikoita muutama kerrallaan kiehuvaan veteen 1-1-1/2 minuutiksi kuorien irtoamiseksi.

c) Kasta kylmään veteen ja irrota kuoret. Leikkaa puoliksi, poista kivet, leikkaa 1/2 tuuman kuutioiksi ja säilytä liuoksessa viinirypäleiden kanssa. Kuori, puolita ja siemennä päärynät.

d) Leikkaa 1/2 tuuman kuutioiksi ja säilytä liuoksessa rypäleiden ja persikoiden kanssa.

e) Sekoita sokeri ja vesi kattilassa ja kiehauta. Valuta sekahedelmät. Lisää 1/2 kupillista kuumaa siirappia jokaiseen kuumaan purkkiin.

f) Lisää sitten muutama kirsikka ja täytä purkki varovasti sekoitetuilla hedelmillä ja kuumalla siirapilla jättäen 1/2 tuuman ylätilaa.

g) Poista ilmakuplat ja säädä ylätilaa tarvittaessa. Pyyhi purkkien reunat kostutetulla puhtaalla talouspaperilla.

h) Säädä kannet ja käsittele.

58. Kesäkurpitsa-ananas

Ainesosat:

- 4 litraa kesäkurpitsaa kuutioina tai raastettuna
- 46 unssia purkitettu makeuttamaton ananasmehu
- 1-1/2 kuppia pullotettua sitruunamehua
- 3 kuppia sokeria

Reittiohjeet:

a) Kuori kesäkurpitsa ja leikkaa 1/2 tuuman kuutioiksi tai suikaloi. Sekoita kesäkurpitsa muiden ainesten kanssa isossa kattilassa ja kuumenna kiehuvaksi. Hauduta 20 minuuttia.

b) Täytä kuumat purkit kuumalla seos ja keittoneste, jättäen 1/2 tuuman ylätilaa. Poista ilmakuplat ja säädä pään tilaa tarvittaessa. Pyyhi purkkien reunat kostutetulla puhtaalla talouspaperilla. Säädä kannet ja käsittele.

59. Mausteinen karpalo salsa

Ainesosat:

- 6 kupillista hienonnettua punasipulia n
- 4 hienonnettua isoa Serrano-paprikaa
- 1-1/2 kuppia vettä
- 1-1/2 kuppia siiderietikkaa (5%)
- 1 rkl säilykesuolaa
- 1-1/3 kuppia sokeria
- 6 rkl apilan hunajaa
- 12 kuppia (2-3/4 lbs.) huuhdeltuja, tuoreita kokonaisia karpaloita

Reittiohjeet:

a) Yhdistä kaikki ainekset paitsi karpalot suuressa hollantilaisessa uunissa. Kiehauta korkealla lämmöllä; alenna lämpöä hieman ja keitä hiljalleen 5 minuuttia.

b) Lisää karpalot, vähennä lämpöä hieman ja hauduta seosta 20 minuuttia välillä sekoittaen, jotta se ei pala. Täytä kuuma seos kuumiin tuoppipurkkeihin jättäen 1/4 tuuman ylätilaa. Jätä kattila miedolla lämmöllä purkkien täyttämisen ajaksi.

c) Poista ilmakuplat ja säädä ylätilaa tarvittaessa. Pyyhi purkkien reunat kostutetulla puhtaalla talouspaperilla. Säädä kannet ja käsittele.

60. Mango salsa

Ainesosat:

- 6 kupillista kuutioitua kypsää mangoa
- 1-1/2 kuppia kuutioitua punaista paprikaa
- 1/2 kuppia hienonnettua keltasipulia
- 1/2 tl murskattuja punapippurihiutaleita
- 2 teelusikallista hienonnettua valkosipulia
- 2 teelusikallista hienonnettua inkivääriä
- 1 kuppi vaaleanruskeaa sokeria
- 1-1/4 kuppia siiderietikkaa (5%)
- 1/2 kuppia vettä

Reittiohjeet:

a) Pese kaikki tuotteet hyvin. Kuori ja paloittele mango 1/2 tuuman kuutioiksi. Pilko paprika 1/2 tuuman paloiksi. C hienonna keltasipuli.

b) Yhdistä kaikki ainekset 8 litran hollantilaisessa uunissa tai kattilassa. Kuumenna kiehuvaksi korkealla lämmöllä sekoittaen, jotta sokeri liukenee.

c) Vähennä kiehuvaksi ja hauduta 5 minuuttia. Täytä kuumat kiinteät aineet kuumiin puolituopin purkkeihin jättäen 1/2 tuuman ylätilaa. Peitä kuumalla nesteellä jättäen 1/2 tuuman ylätilaa.

d) Poista ilmakuplat ja säädä ylätilaa tarvittaessa. Pyyhi purkkien reunat kostutetulla puhtaalla talouspaperilla. Säädä kannet ja käsittele.

61. Persikka-omenasalsaa

Ainesosat:

- 6 kuppia hienonnettuja Roma-tomaatteja
- 2-1/2 kuppia kuutioitua keltasipulia
- 2 kupillista hienonnettua vihreää paprikaa
- 10 kupillista hienonnettua kovaa, kypsymätöntä persikkaa
- 2 kupillista hienonnettua Granny Smith omenaa
- 4 rkl sekoitettua peittausmaustetta
- 1 rkl säilykesuolaa
- 2 tl murskattuja punapippurihiutaleita
- 3-3/4 kuppia (1-1/4 puntaa) pakattu vaaleanruskea sokeri
- 2-1/4 kuppia siiderietikkaa (5%)

Reittiohjeet:

a) Aseta peittausmauste puhtaalle, kaksikerroksiselle, 6 tuuman neliömäiselle 100 % juustokankaalle. Yhdistä kulmat ja sido puhtaalla nyörillä. (Tai käytä ostettua musliinimaustepussia).

b) Pese ja kuori tomaatit (laita pestyt tomaatit kiehuvaan veteen minuutiksi, laita heti kylmään veteen ja irrota kuoret).

c) Leikkaa 1/2 tuuman paloiksi. Kuori, pese ja kuutioi sipulit 1/4 tuuman paloiksi. Pese paprikat, siemenet ja siemenet; leikkaa 1/4 tuuman paloiksi.

d) Yhdistä hienonnetut tomaatit, sipulit ja paprikat 8 tai 10 litran hollantilaisessa uunissa tai kattilassa. Pese, kuori ja kuori persikat; leikkaa puoliksi ja liota 10 minuuttia askorbiinihappoliuoksessa (1500 mg puolessa gallonassa vedessä).

e) Pese, kuori ja poista omenat; leikkaa puoliksi ja liota 10 minuuttia askorbiinihappoliuoksessa.

f) Pilko persikat ja omenat nopeasti 1/2 tuuman kuutioiksi estääksesi tummumisen. Lisää paloitellut persikat ja omenat kattilaan vihannesten kanssa. Lisää peittausmaustepussi kattilaan; sekoita joukkoon suola, paprikahiutaleet, fariinisokeri ja etikka.

g) Kuumenna kiehuvaksi sekoittaen varovasti, jotta ainekset sekoittuvat. Vähennä lämpöä ja hauduta 30 minuuttia välillä sekoittaen. Poista maustepussi kattilasta ja hävitä. Täytä salsa-kiintoaineet reikälusikalla kuumiin pint-purkkeihin jättäen 1-1/4 tuuman ilmatilaa (noin 3/4 puntaa kiintoaineita kussakin purkissa).

h) Peitä keittonesteellä jättäen 1/2 tuuman ylätilaa.

i) Poista ilmakuplat ja säädä ylätilaa tarvittaessa. Pyyhi purkkien reunat kostutetulla puhtaalla talouspaperilla. Säädä kannet ja käsittele.

KAPETETTU JA PIDOTETTU VIHANNEKSET

62. Tilli suolakurkkua

Ainesosat:

- 4 lbs 4 tuuman peittauskurkkua

- 2 ruokalusikallista tillinsiemeniä tai 4-5 päätä tuoretta tai kuivaa tilliä

- 1/2 kuppia suolaa

- 1/4 kuppia etikkaa (5%

- 8 kupillista vettä ja yksi tai useampi seuraavista ainesosista:

- 2 valkosipulinkynttä (valinnainen)

- 2 kuivattua punaista paprikaa (valinnainen)

- 2 tl kokonaisia peittausmausteita

Reittiohjeet:

a) Pese kurkut. Leikkaa 1/16 tuuman viipale kukkapäästä ja hävitä. Jätä 1/4 tuuman varresta kiinni. Laita puolet tillistä ja mausteista puhtaan, sopivan astian pohjalle.

b) Lisää kurkut, loput tilli ja mausteet. Liuota suola etikkaan ja veteen ja kaada kurkkujen päälle.

c) Lisää sopiva kansi ja paino. Säilytä lämpötilassa 70-75 °F noin 3-4 viikkoa käymisen aikana. 55-65 °F:n lämpötilat ovat hyväksyttäviä, mutta käyminen kestää 5-6 viikkoa.

d) Vältä yli 80 °F lämpötiloja, muuten suolakurkku muuttuu liian pehmeiksi käymisen aikana. Käyvä suolakurkku kuivuu hitaasti. Tarkasta säiliö useita kertoja viikossa ja poista pintavaahto tai home välittömästi. Varoitus: Jos suolakurkku muuttuu pehmeiksi, limaiseksi tai haisee epämiellyttävältä, heitä ne pois.

e) Täysin fermentoitunut suolakurkku voidaan säilyttää alkuperäisessä astiassa noin 4-6 kuukautta, jos ne jäähdytetään ja pintavaahtoa ja hometta poistetaan säännöllisesti. Täysin käyneiden suolakurkkujen purkittaminen on parempi tapa säilyttää niitä. Kaada suolavesi kattilaan, kuumenna hitaasti kiehuvaksi ja keitä 5 minuuttia. Suodata suolaliuos paperikahvisuodattimien läpi vähentääksesi sameutta, jos haluat.

f) Täytä kuuma purkki suolakurkilla ja kuumalla suolavedellä jättäen 1/2 tuuman ylätilaa.

g) Poista ilmakuplat ja säädä ylätilaa tarvittaessa. Pyyhi purkkien reunat kostutetulla puhtaalla talouspaperilla.

h) Säädä kannet ja käsittele .

63. Hapankaali

Ainesosat:

- 25 lbs. kaali

- 3/4 dl säilyke- tai peittaussuolaa

Reittiohjeet:

a) Työskentele noin 5 kiloa kaalia kerrallaan. Hävitä ulommat lehdet. Huuhtele päät kylmän juoksevan veden alla ja valuta. Leikkaa päät neljään osaan ja poista ytimet. Suikaloi tai viipaloi neljäsosan paksuiseksi.

b) Laita kaali sopivaan käymisastiaan ja lisää 3 ruokalusikallista suolaa. Sekoita huolellisesti puhtailla käsillä. Pakkaa tiukasti, kunnes suola imee mehua kaalista.

c) Toista silppuamista, suolaamista ja pakkaamista, kunnes kaikki kaali on astiassa. Varmista, että se on tarpeeksi syvä, jotta sen reuna on vähintään 4 tai 5 tuumaa kaalin yläpuolella. Jos mehu ei peitä kaalia, lisää keitetty ja jäähdytetty suolaliuos (1-1/2 ruokalusikallista suolaa litraa kohden vettä).

d) Lisää levy ja painot; peitä astia puhtaalla kylpypyyhkeellä. Säilytä 70-75 °F:ssa käymisen aikana. Lämpötiloissa 70-75 °F:n välillä kraut fermentoituu täysin noin 3-4 viikossa; 60-65 °F:ssa käyminen voi kestää 5-6 viikkoa. Alle 60 °F:n lämpötiloissa kraut ei ehkä käy. Yli 75 °F:n lämpötilassa kraut voi muuttua pehmeäksi.

e) Jos punnitset kaalin suolavedellä täytettyyn pussiin, älä häiritse pataa ennen kuin normaali käyminen on päättynyt (kun kupliminen lakkaa). Jos käytät purkkeja painona, sinun on tarkistettava kraut kaksi tai kolme kertaa viikossa ja poistettava vaahto, jos sitä muodostuu. Täysin käynyt kaalia voidaan säilyttää tiiviisti peitettynä jääkaapissa useita kuukausia .

f) Poista ilmakuplat ja säädä ylätilaa tarvittaessa. Pyyhi purkkien reunat kostutetulla puhtaalla talouspaperilla. Säädä kannet ja käsittele.

64. Leipä-voi suolakurkkua

Ainesosat:

- 6 lbs 4-5 tuuman peittauskurkkuja
- 8 kupillista ohuiksi viipaloitua sipulia
- 1/2 dl säilyke- tai peittaussuolaa
- 4 kuppia etikkaa (5%)
- 4-1/2 kuppia sokeria
- 2 ruokalusikallista sinapinsiemeniä
- 1-1/2 ruokalusikallista sellerin siemeniä
- 1 rkl jauhettua kurkumaa
- 1 kuppi peittauskalkkia

Reittiohjeet:

a) Pese kurkut. Leikkaa 1/16 tuuman kukkapäästä ja hävitä. Leikkaa 3/16 tuuman viipaleiksi. Yhdistä kurkut ja sipulit isossa kulhossa. Lisää suolaa. Peitä 2 tuuman jäämurskalla tai jääkuutioilla. Jäähdytä 3-4 tuntia ja lisää jäätä tarpeen mukaan.

b) Yhdistä loput ainekset isossa kattilassa. Keitä 10 minuuttia. Valuta ja lisää kurkut ja sipulit ja kuumenna hitaasti uudelleen kiehuvaksi. Täytä kuumat pint-purkit viipaleilla ja keittosiirappilla jättäen 1/2 tuuman ylätilaa. Poista ilmakuplat ja säädä ylätilaa tarvittaessa. Pyyhi purkkien reunat kostutetulla puhtaalla talouspaperilla.

c) Säädä kannet ja käsittele ss .

65. F resh -pack tilli suolakurkkua

Ainesosat:

- 8 lbs 3-5 tuuman peittauskurkkuja
- 2 litraa vettä _ _
- 1-1/4 kuppia säilyke- tai peittaussuolaa
- 1-1/2 litraa etikkaa (5%)
- 1/4 kuppia sokeria
- 2 litraa vettä
- 2 rkl kokonaista peittausmaustesekoitusta
- noin 3 ruokalusikallista kokonaisia sinapinsiemeniä
- noin 14 päätä tuoretta tilliä (1-1/2 päätä per tuoppipurkki) tai
- 4-1/2 ruokalusikallista tillinsiemeniä (1-1/2 tl per tuoppipurkki)

Reittiohjeet:

a) Pese kurkut. Leikkaa 1/16 tuuman viipale kukkapäästä ja heitä pois, mutta jätä 1/4 tuuman varresta kiinni. Liuota 3/4 kuppia suolaa 2 gallonaan vettä. Kaada kurkkujen päälle ja anna seistä 12 tuntia. Valua.

b) Yhdistä etikka, 1/2 kuppia suolaa, sokeria ja 2 litraa vettä. Lisää sekoitetut peittausmausteet puhtaaseen valkoiseen liinaan sidottuna. Kuumenna kiehuvaksi. Täytä kuumat purkit kurkuilla.

c) Lisää 1 tl sinapinsiemeniä ja 1-1/2 päätä tuoretta tilliä per tuoppi. Peitä kiehuvalla peittausliuoksella jättäen 1/2 tuuman ylätilaa. Poista ilmakuplat ja säädä ylätilaa tarvittaessa. Pyyhi purkkien reunat kostutetulla puhtaalla talouspaperilla.

d) Säädä kannet ja käsittele .

66. Makeat kurkkukurkkukurkut

Ainesosat:

- 7 lbs kurkut (1-1/2 tuumaa tai vähemmän)
- 1/2 dl säilyke- tai peittaussuolaa
- 8 kuppia sokeria
- 6 kupillista etikkaa (5%)
- 3/4 tl kurkumaa
- 2 tl sellerin siemeniä
- 2 tl kokonaista peittausmaustesekoitusta
- 2 kanelitankoa
- 1/2 tl fenkolia (valinnainen)
- 2 tl vaniljaa (valinnainen)

Reittiohjeet:

a) Pese kurkut. Leikkaa 1/16 tuuman viipale kukkapäästä ja heitä pois, mutta jätä 1/4 tuuman varresta kiinni.

b) Laita kurkut isoon astiaan ja peitä kiehuvalla vedellä. Kuudesta kahdeksaan tuntia myöhemmin ja uudelleen toisena päivänä valuta ja peitä 6 litraa tuoretta kiehuvaa vettä, joka sisältää 1/4 kupillista suolaa. Kolmantena päivänä valuta ja pistele kurkut pöytähaarukalla.

c) Sekoita ja kiehauta 3 kupillista etikkaa, 3 kupillista sokeria, kurkumaa ja mausteita. Kaada kurkkujen päälle. Kuuden tai kahdeksan tunnin kuluttua valuta ja säästä peittaussiirappi. Lisää vielä 2 kupillista sokeria ja etikkaa ja kuumenna kiehuvaksi. Kaada suolakurkkujen päälle.

d) Neljäntenä päivänä valuta ja säästä siirappi. Lisää vielä 2 kupillista sokeria ja 1 kupillinen etikkaa. Kuumenna kiehuvaksi ja kaada suolakurkkujen päälle. Valuta ja säästä peittaussiirappi 6-8 tunnin kuluttua. Lisää 1 dl sokeria ja 2 tl vaniljaa ja kuumenna kiehuvaksi.

e) Täytä kuumat steriilit pint-purkit suolakurkkuilla ja peitä kuumalla siirapilla jättäen 1/2 tuuman ylätilaa.

f) Poista ilmakuplat ja säädä ylätilaa tarvittaessa. Pyyhi purkkien reunat kostutetulla puhtaalla talouspaperilla.

g) Säädä kannet ja käsittele .

67. 14 päivän makea suolakurkku

Ainesosat:

- 4 lbs 2-5 tuuman peittauskurkkuja
- 3/4 dl säilyke- tai peittaussuolaa
- 2 tl sellerinsiemeniä
- 2 rkl sekoitettua peittausmausteita
- 5-1/2 kuppia sokeria
- 4 kuppia etikkaa (5%)

Reittiohjeet:

a) Pese kurkut. Leikkaa 1/16 tuuman viipale kukkapäästä ja heitä pois, mutta jätä 1/4 tuuman varresta kiinni. Aseta kokonaiset kurkut sopivaan 1 gallonan astiaan.

b) Lisää 1/4 kuppia säilyke- tai peittaussuolaa 2 litraan vettä ja kiehauta. Kaada kurkkujen päälle. Lisää sopiva kansi ja paino.

c) Aseta puhdas pyyhe säiliön päälle ja pidä lämpötila noin 70 °F:ssa. Kolmantena ja viidentenä päivänä valuta suolavesi ja hävitä. Huuhtele kurkut ja laita kurkut takaisin säiliöön. Lisää 1/4 kupillista suolaa 2 litraan makeaa vettä ja keitä. Kaada kurkkujen päälle.

d) Vaihda kansi ja paino ja peitä uudelleen puhtaalla pyyhkeellä. Seitsemäntenä päivänä valuta suolavesi ja heitä se pois. Huuhtele kurkut , kansi ja paino.

68. Nopeat makeat suolakurkut

Ainesosat:

- 8 lbs 3-4 tuuman peittauskurkkuja
- 1/3 kuppia säilyke- tai peittaussuolaa
- 4-1/2 kuppia sokeria
- 3-1/2 kuppia etikkaa (5%)
- 2 tl sellerinsiemeniä
- 1 rkl kokonaista maustepippuria
- 2 ruokalusikallista sinapinsiemeniä
- 1 kuppi peittauslimettiä (valinnainen)

Reittiohjeet:

a) Pese kurkut. Leikkaa 1/16 tuuman kukkapäästä ja heitä pois, mutta jätä 1/4 tuumaa varresta kiinni. Viipaloi tai leikkaa suikaleiksi halutessasi. Laita kulhoon ja ripottele päälle 1/3 kuppia suolaa. Peitä 2 tuuman jäämurskalla tai jääkuutioilla.

b) Jäähdytä 3-4 tuntia. Lisää jäätä tarpeen mukaan. Valuta hyvin.

c) Yhdistä sokeri, etikka, sellerinsiemenet, maustepippuri ja sinapinsiemenet 6 litran kattilassa. Kuumenna kiehuvaksi.

d) Kuuma pakkaus - Lisää kurkut ja kuumenna hitaasti, kunnes etikkaliuos palaa kiehumaan. Sekoita välillä, jotta seos lämpenee tasaisesti. Täytä steriilit purkit jättäen 1/2 tuuman ylätilaa.

e) Raakapakkaus - Täytä kuumat purkit jättäen 1/2 tuuman ylätilaa. Lisää kuuma peittaussiirappi jättäen 1/2 tuuman ylätilaa.

f) Poista ilmakuplat ja säädä ylätilaa tarvittaessa. Pyyhi purkkien reunat kostutetulla puhtaalla talouspaperilla.

g) Säädä kannet ja käsittele .

69. Marinoitu parsa

Ainesosat:

- 10 lbs. parsa
- 6 isoa valkosipulinkynttä
- 4-1/2 kuppia vettä
- 4-1/2 kuppia valkoista tislattua etikkaa (5%)
- 6 pientä kuumaa paprikaa (valinnainen)
- 1/2 kuppia säilykesuolaa
- 3 tl tillin siemeniä

Reittiohjeet:

a) Pese parsat hyvin, mutta varovasti juoksevan veden alla. Leikkaa varret pohjasta jättämään keihäät kärjillä tölkkipurkkiin, jättäen hieman yli 1/2 tuuman ylätilaa. Kuori ja pese valkosipulinkynnet.

b) Aseta valkosipulinkynsi jokaisen purkin pohjalle ja pakkaa parsat tiukasti kuumiin purkkeihin tylppä pää alaspäin. Sekoita 8 litran kattilassa vesi, etikka, kuumat paprikat (valinnainen), suola ja tillin siemenet.

c) Kiehauta. Laita yksi kuuma paprika (jos käytät) jokaiseen purkkiin parsan keihään päälle. Kaada kiehuvaa kuumaa suolavettä keihään päälle jättäen 1/2 tuuman ylätilaa.

d) Poista ilmakuplat ja säädä ylätilaa tarvittaessa. Pyyhi purkkien reunat kostutetulla puhtaalla talouspaperilla.

e) Säädä kannet ja käsittele.

70. Marinoidut tillipavut

Ainesosat:

- 4 lbs tuoreita pehmeitä vihreitä tai keltaisia papuja
- 8-16 päätä tuoretta tilliä
- 8 valkosipulinkynttä (valinnainen)
- 1/2 dl säilyke- tai peittaussuolaa
- 4 kuppia valkoviinietikkaa (5%)
- 4 kuppia vettä
- 1 tl kuumaa punapippuria (valinnainen)

Reittiohjeet:

a) Pese ja leikkaa papujen päät ja leikkaa ne 4 tuuman pituisiksi. Laita jokaiseen kuumaan steriiliin tuoppipurkkiin 1-2 tillin päätä ja halutessasi 1 valkosipulinkynsi. Aseta kokonaiset pavut pystysuoraan purkkeihin jättäen 1/2 tuuman ylätilaa.

b) Leikkaa pavut tarvittaessa oikeaksi. Yhdistä suola, etikka, vesi ja pippurijärviä (jos haluat). Kiehauta. Lisää kuuma liuos papuihin jättäen 1/2 tuuman ylätilaa.

c) Poista ilmakuplat ja säädä ylätilaa tarvittaessa. Pyyhi purkkien reunat kostutetulla puhtaalla talouspaperilla.

d) Säädä kannet ja käsittele.

71. Marinoitu kolmen pavun salaatti

Ainesosat:

- 1-1/2 kupillista blansoituja vihreitä / keltaisia papuja
- 1-1/2 kuppia purkitettuja, valutettuja punaisia papuja
- 1 kuppi purkitettuja, valutettuja garbanzo-papuja
- 1/2 kuppia kuorittua ja ohuiksi viipaloitua sipulia
- 1/2 kuppia leikattua ja ohueksi viipaloitua selleriä
- 1/2 kuppia viipaloitua vihreää paprikaa
- 1/2 kuppia valkoviinietikkaa (5%)
- 1/4 kuppia pullotettua sitruunamehua
- 3/4 kuppia sokeria
- 1/4 kuppi öljyä
- 1/2 tl säilyke- tai peittaussuolaa
- 1-1/4 kuppia vettä

Reittiohjeet:

a) Pese ja irrota tuoreiden papujen päät. Leikkaa tai leikkaa 1-2 tuuman paloiksi.

b) Blanšista 3 minuuttia ja jäähdytä heti. Huuhtele pavut vesijohtovedellä ja valuta uudelleen. Valmistele ja mittaa kaikki muut vihannekset.

c) Yhdistä etikka, sitruunamehu, sokeri ja vesi ja kiehauta. Poista lämmöltä.

d) Lisää öljy ja suola ja sekoita hyvin. Lisää pavut, sipulit, selleri ja vihreä paprika liuokseen ja anna kiehua.

e) Marinoi 12-14 tuntia jääkaapissa ja kuumenna sitten koko seos kiehuvaksi. Täytä kuumat purkit kiintoaineilla. Lisää kuumaa nestettä jättäen 1/2 tuuman ylätilaa.

f) Poista ilmakuplat ja säädä ylätilaa tarvittaessa. Pyyhi purkkien reunat kostutetulla puhtaalla talouspaperilla.

g) Säädä kannet ja käsittele.

72. Marinoidut punajuuret

Ainesosat:

- 7 lbs halkaisijaltaan 2-2-1/2 tuuman punajuuria
- 4 kuppia etikkaa (5%)
- 1-1/2 tl säilyke- tai peittaussuolaa
- 2 kuppia sokeria
- 2 kuppia vettä
- 2 kanelitankoa
- 12 kokonaista neilikkaa
- 4-6 sipulia (halkaisija 2-2-1/2 tuumaa),

Reittiohjeet:

a) Leikkaa juurikkaan latvat jättäen 1 tuuman varresta ja juurista värin vuotamisen estämiseksi.

b) Pese huolellisesti. Lajittele koon mukaan. Peitä samankokoiset kiehuvalla vedellä ja keitä kypsiksi (noin 25-30 minuuttia). Varoitus: Tyhjennä ja hävitä neste. Viileitä punajuuria. Juurien ja varsien leikkaus ja kuorien poisto. Leikkaa 1/4 tuuman viipaleiksi. Kuori ja hienonna sipulit.

c) Yhdistä etikka, suola, sokeri ja makea vesi. Laita mausteet kangaspussiin ja lisää etikkaseokseen. Kiehauta. Lisää punajuuret ja sipulit. Hauduta 5 minuuttia. Poista maustepussi.

d) Täytä kuumat purkit punajuurilla ja sipulilla jättäen 1/2 tuuman ylätilaa. Lisää kuumaa etikkaliuosta jättäen 1/2 tuuman ylätilaa.

e) Poista ilmakuplat ja säädä ylätilaa tarvittaessa. Pyyhi purkkien reunat kostutetulla puhtaalla talouspaperilla.

f) Säädä kannet ja käsittele.

73. Marinoidut porkkanat

Ainesosat:

- 2-3/4 lbs. kuorittuja porkkanoita
- 5-1/2 kuppia valkoviinietikkaa (5%)
- 1 kuppi vettä
- 2 kuppia sokeria
- 2 tl säilykesuolaa
- 8 tl sinapinsiemeniä
- 4 tl sellerinsiemeniä

Reittiohjeet:

a) Pese ja kuori porkkanat. Leikkaa pyöreiksi, jotka ovat noin 1/2 tuuman paksuisia.

b) Yhdistä etikka, vesi, sokeri ja tölkkisuola 8 litran hollantilaisessa uunissa tai kattilassa. Kuumenna kiehuvaksi ja keitä 3 minuuttia. Lisää porkkanat ja kuumenna takaisin kiehuvaksi. Vähennä sitten lämpöä kiehuvaksi ja kuumenna puolikypsiksi (noin 10 minuuttia).

c) Laita sillä välin 2 tl sinapinsiemeniä ja 1 teelusikallinen sellerinsiemeniä kuhunkin tyhjään kuumaan tuoppipurkkiin. Täytä purkit kuumilla porkkanoilla jättäen 1 tuuman tilaa.

Täytä kuumalla peittausnesteellä jättäen 1/2 tuuman ylätilaa.

d) Poista ilmakuplat ja säädä ylätilaa tarvittaessa. Pyyhi purkkien reunat kostutetulla puhtaalla talouspaperilla.

e) Säädä kannet ja käsittele.

74. Marinoitu kukkakaali / Bryssel

Ainesosat:

- 12 kuppia 1-2 tuuman kukkakaalia tai pieniä ruusukaalia
- 4 kuppia valkoviinietikkaa (5%)
- 2 kuppia sokeria
- 2 kupillista ohuiksi viipaloitua sipulia
- 1 kuppi kuutioitua punaista paprikaa
- 2 ruokalusikallista sinapinsiemeniä
- 1 rkl sellerin siemeniä
- 1 tl kurkumaa
- 1 tl kuumaa punapippuria

Reittiohjeet:

a) Pese kukkakaalit tai ruusukaalit (poista varret ja epäpuhtaat ulkolehdet) ja keitä suolavedessä (4 tl säilykesuolaa per gallona vettä) 3 minuuttia kukkakaalille ja 4 minuuttia ruusukaalille. Valuta ja jäähdytä.

b) Yhdistä etikka, sokeri, sipuli, kuutioitu punainen paprika ja mausteet suuressa kattilassa. Kuumenna kiehuvaksi ja keitä 5 minuuttia. Jaa sipuli ja kuutioitu paprika purkkien kesken.

Täytä kuumat purkit paloilla ja peittausliuoksella jättäen 1/2 tuuman ylätilaa.

c) Poista ilmakuplat ja säädä ylätilaa tarvittaessa. Pyyhi purkkien reunat kostutetulla puhtaalla talouspaperilla.

d) Säädä kannet ja käsittele.

75. Chayote ja jicama slaw

Ainesosat:

- 4 kuppia julienned jicamaa
- 4 kuppia julienned chayotea
- 2 kuppia hienonnettua punaista paprikaa
- 2 hienonnettua kuumaa paprikaa
- 2-1/2 kuppia vettä
- 2-1/2 kuppia siiderietikkaa (5%)
- 1/2 kuppia valkoista sokeria
- 3-1/2 tl säilykesuolaa
- 1 tl sellerin siemeniä (valinnainen)

Reittiohjeet:

a) Varoitus: Käytä muovi- tai kumikäsineitä äläkä kosketa kasvojasi käsitellessäsi tai leikkaaessasi kuumaa paprikaa. Jos et käytä käsineitä, pese kädet huolellisesti saippualla ja vedellä ennen kuin kosketat kasvojasi tai silmiäsi.

b) Pese, kuori ja ohuesti julienne jicama ja chayote, hävitä chayoten siemenet. Sekoita 8 litran hollantilaisessa uunissa tai kattilassa kaikki ainekset chayotea lukuun ottamatta. Kuumenna kiehuvaksi ja keitä 5 minuuttia.

c) Vähennä lämpöä kiehuvaksi ja lisää chayote. Kuumenna takaisin kiehuvaksi ja sammuta sitten lämpö. Täytä kuumat kiinteät aineet kuumiin puolituopin purkkeihin jättäen 1/2 tuuman tilalle headspace.

d) Peitä kiehuvalla keittonesteellä jättäen 1/2 tuuman ylätilaa.

e) Poista ilmakuplat ja säädä ylätilaa tarvittaessa. Pyyhi purkkien reunat kostutetulla puhtaalla talouspaperilla.

f) Säädä kannet ja käsittele.

76. Leipä-voi-marinoitu jicama

Ainesosat:

- 14 kupillista jicamaa kuutioituna
- 3 kuppia ohuiksi viipaloitua sipulia
- 1 kuppi hienonnettua punaista paprikaa
- 4 kuppia valkoviinietikkaa (5%)
- 4-1/2 kuppia sokeria
- 2 ruokalusikallista sinapinsiemeniä
- 1 rkl sellerin siemeniä
- 1 tl jauhettua kurkumaa

Reittiohjeet:

a) Yhdistä etikka, sokeri ja mausteet 12 litran hollantilaisessa uunissa tai suuressa kattilassa. Sekoita ja kuumenna kiehuvaksi. Sekoita valmis jicama, sipuliviipaleet ja punainen paprika. Palaa kiehuvaksi, vähennä lämpöä ja keitä 5 minuuttia. Sekoita silloin tällöin.

b) Täytä kuumat kiinteät aineet kuumiin tuoppipurkkeihin jättäen 1/2 tuuman ylätilaa. Peitä kiehuvalla keittonesteellä jättäen 1/2 tuuman ylätilaa.

c) Poista ilmakuplat ja säädä ylätilaa tarvittaessa. Pyyhi purkkien reunat kostutetulla puhtaalla talouspaperilla.

d) Säädä kannet ja käsittele.

77. Marinoidut kokonaiset sienet

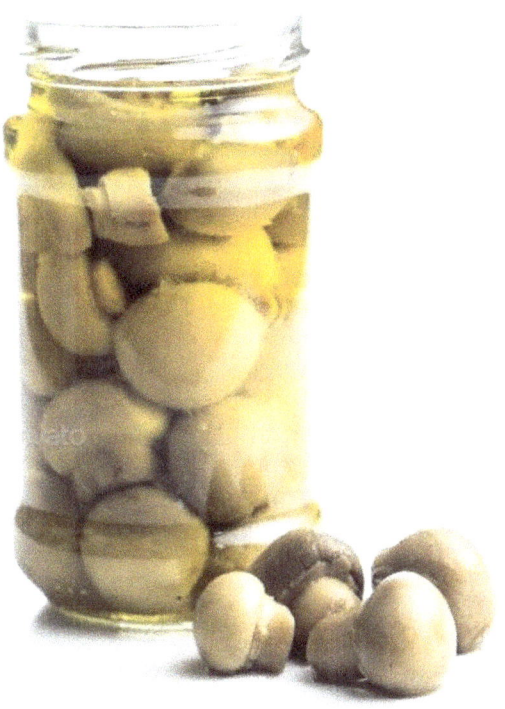

Ainesosat:

- 7 lbs pieniä kokonaisia sieniä
- 1/2 kuppia pullotettua sitruunamehua
- 2 dl oliivi- tai salaattiöljyä
- 2-1/2 kuppia valkoviinietikkaa (5%)
- 1 rkl oreganon lehtiä
- 1 rkl kuivattuja basilikan lehtiä
- 1 rkl säilyke- tai peittaussuolaa
- 1/2 kuppia hienonnettua sipulia
- 1/4 kuppia kuutioitua pimientoa
- 2 valkosipulinkynttä neljään osaan leikattuna
- 25 mustapippuria

Reittiohjeet:

a) Valitse erittäin tuoreita avaamattomia sieniä, joiden korkkien halkaisija on alle 1-1/4 tuumaa. Pese. Leikkaa varret jättäen 1/4 tuumaa kiinni korkkiin. Lisää sitruunamehu ja vesi niin, että ne peittyvät. Kuumenna kiehuvaksi. Hauduta 5 minuuttia. Valuta sienet.

b) Sekoita oliiviöljy, etikka, oregano, basilika ja suola kattilassa. Sekoita joukkoon sipulit ja pimiento ja kuumenna kiehuvaksi.

c) Laita 1/4 valkosipulinkynttä ja 2-3 pippuria puolen tuopin purkissa. Täytä kuumat purkit sienillä ja kuumalla, hyvin sekoitetulla öljy-etikkaliuoksella jättäen 1/2 tuuman ylätilaa.

d) Poista ilmakuplat ja säädä ylätila tarvittaessa. Pyyhi purkkien reunat kostutetulla puhtaalla talouspaperilla.

e) Säädä kannet ja käsittele.

78. Marinoitu tilli okra

Ainesosat:

- 7 lbs pieniä okrapalkoja
- 6 pientä kuumaa paprikaa
- 4 tl tillin siemeniä
- 8-9 valkosipulinkynttä
- 2/3 dl säilyke- tai peittaussuolaa
- 6 kuppia vettä
- 6 kupillista etikkaa (5%)

Reittiohjeet:

a) Pese ja leikkaa okra. Täytä kuumat purkit tiukasti kokonaisella okralla jättäen 1/2 tuuman ylätilaa. Laita 1 valkosipulinkynsi jokaiseen purkkiin.

b) Yhdistä suola, kuumat paprikat, tillin siemenet, vesi ja etikka isossa kattilassa ja kiehauta. Kaada kuuma peittausliuos okran päälle jättäen 1/2 tuuman ylätilaa.

c) Poista ilmakuplat ja säädä ylätilaa tarvittaessa. Pyyhi purkkien reunat kostutetulla puhtaalla talouspaperilla.

d) Säädä kannet ja käsittele.

79. Marinoitua helmiäissipulia

Ainesosat:

- 8 kupillista kuorittua valkoista helmiäissipulia
- 5-1/2 kuppia valkoviinietikkaa (5%)
- 1 kuppi vettä
- 2 tl säilykesuolaa
- 2 kuppia sokeria
- 8 tl sinapinsiemeniä
- 4 tl sellerinsiemeniä

Reittiohjeet:

a) Kuori sipulit laittamalla muutama kerrallaan metalliverkkokoriin tai siivilään, kastamalla kiehuvaan veteen 30 sekunniksi, poistamalla sitten ja laittamalla kylmään veteen 30 sekunniksi. Leikkaa 1/16 tuuman viipale juuresta ja poista sitten kuori ja leikkaa 1/16 tuumaa sipulin toisesta päästä.

b) Yhdistä etikka, vesi, suola ja sokeri 8 litran hollantilaisessa uunissa tai kattilassa. Kuumenna kiehuvaksi ja keitä 3 minuuttia.

c) Lisää kuoritut sipulit ja kuumenna takaisin kiehuvaksi. Vähennä lämpöä kiehuvaksi ja kuumenna puolikypsiksi (noin 5 minuuttia).

d) Laita sillä välin 2 tl sinapinsiemeniä ja 1 tl sellerinsiemeniä kuhunkin tyhjään kuumaan tuoppipurkkiin. Täytä kuumalla sipulilla, jätä 1 tuuman ylätila. Täytä kuumalla peittausnesteellä jättäen 1/2 tuuman ylätilaa.

e) Poista ilmakuplat ja säädä ylätilaa tarvittaessa. Pyyhi purkkien reunat kostutetulla puhtaalla talouspaperilla.

f) Säädä kannet ja käsittele.

80. Marinoidut paprikat

Ainesosat:

- Bell, unkari, banaani tai jalapeño
- 4 lbs kiinteät paprikat
- 1 kuppi pullotettua sitruunamehua
- 2 kuppia valkoviinietikkaa (5%)
- 1 rkl oreganon lehtiä
- 1 kuppi oliivi- tai salaattiöljyä
- 1/2 kuppia hienonnettua sipulia
- 2 valkosipulinkynttä, neljäsosa (valinnainen)
- 2 ruokalusikallista valmistettua piparjuurta (valinnainen)

Reittiohjeet:

a) Valitse suosikkisi pippuri. Varoitus: Jos valitset kuumat paprikat, käytä muovi- tai kumikäsineitä äläkä kosketa kasvojasi käsitellessäsi tai leikkaaessasi kuumaa paprikaa.

b) Pese, leikkaa kuhunkin paprikaan 2–4 viiltoa ja vaahdota kiehuvassa vedessä tai kovakuoristen kuumapaprikan kuorissa jollakin näistä kahdesta menetelmästä:

c) Uuni- tai broilerimenetelmä kuorien tekemiseen rakkuloihin – Laita paprikat kuumaan uuniin (400°F) tai broilerin alle 6–8 minuutiksi, kunnes kuoret ovat kuplia.

d) Huippumenetelmä rakkuloiden tekemiseen – Peitä kuuma poltin (joko kaasulla tai sähköllä) paksulla metalliverkolla.

e) Laita paprikat polttimelle useaksi minuutiksi, kunnes kuoret ovat rakkuloita.

f) Kun kuoret ovat rakkuloita, laita paprikat kattilaan ja peitä kostealla liinalla. (Tämä helpottaa paprikoiden kuorimista.) Jäähdytä useita minuutteja; nahkojen kuori. Litistä kokonaiset paprikat.

g) Sekoita kaikki loput ainekset kattilassa ja kuumenna kiehuvaksi. Laita 1/4 valkosipulin kynttä (valinnainen) ja 1/4 tl suolaa jokaiseen kuumaan puolituoppipurkkiin tai 1/2 tl per tuoppi. Täytä kuumat purkit paprikoilla. Lisää kuumaa, hyvin sekoitettua öljyä/peittausliuosta paprikoiden päälle jättäen 1/2 tuuman ylätilaa.

h) Poista ilmakuplat ja säädä ylätilaa tarvittaessa. Pyyhi purkkien reunat kostutetulla puhtaalla talouspaperilla.

i) Säädä kannet ja käsittele.

81. Marinoituja paprikaa

Ainesosat:

- 7 lbs f irm paprikat
- 3-1/2 kuppia sokeria
- 3 kupillista etikkaa (5%)
- 3 kuppia vettä
- 9 valkosipulinkynttä
- 4-1/2 tl säilyke- tai peittaussuolaa

Reittiohjeet:

a) Pese paprikat, leikkaa neljään osaan, poista ytimet ja siemenet ja leikkaa mahdolliset viat pois. Leikkaa paprikat suikaleiksi. Keitä sokeria, etikkaa ja vettä 1 minuutti.

b) Lisää paprikat ja kuumenna kiehuvaksi. Laita 1/2 valkosipulin kynttä ja 1/4 tl suolaa jokaiseen kuumaan steriiliin puolen tuopin purkkiin; tuplaa tuoppipurkkeihin verrattuna.

c) Lisää pippurinauhat ja peitä kuumalla etikkaseoksella jättäen 1/2 tuumaa

82. Marinoidut kuumat paprikat

Ainesosat:

- unkari, banaani, chile , jalapeño
- 4 lbs kuumat pitkät punaiset, vihreät tai keltaiset paprikat
- 3 lbs makeat punaiset ja vihreät paprikat, sekoitettuna
- 5 kupillista etikkaa (5%)
- 1 kuppi vettä
- 4 tl säilyke- tai peittaussuolaa
- 2 rkl sokeria
- 2 valkosipulinkynttä

Reittiohjeet:

a) Varoitus: Käytä muovi- tai kumikäsineitä äläkä kosketa kasvojasi käsitellessäsi tai leikkaaessasi kuumaa paprikaa. Jos et käytä käsineitä, pese kädet huolellisesti saippualla ja vedellä ennen kuin kosketat kasvojasi tai silmiäsi.

b) Pese paprikat. Jos pienet paprikat jätetään kokonaisiksi, leikkaa jokaiseen 2-4 viiltoa. Neljännes iso paprika.

c) Blanšista kiehuvassa vedessä tai jäykkäkuoristen kuumapaprikan kuoret rakkuloissa jommallakummalla seuraavista tavoista:

d) Uuni- tai broilerimenetelmä kuorien tekemiseen rakkuloihin – Laita paprikat kuumaan uuniin (400°F) tai broilerin alle 6–8 minuutiksi, kunnes kuoret ovat kuplia.

e) Huippumenetelmä rakkuloiden tekemiseen – Peitä kuuma poltin (joko kaasulla tai sähköllä) paksulla metalliverkolla.

f) Laita paprikat polttimelle useaksi minuutiksi, kunnes kuoret ovat rakkuloita.

g) Kun kuoret ovat rakkuloita, laita paprikat kattilaan ja peitä kostealla liinalla. (Tämä helpottaa paprikoiden kuorimista.) Jäähdytä useita minuutteja; nahkojen kuori. Litistä pienet paprikat. Neljännes iso paprika. Täytä kuumat purkit paprikoilla jättäen 1/2 tuuman ylätilaa.

h) Sekoita ja kuumenna muut ainekset kiehuvaksi ja keitä 10 minuuttia. Poista valkosipuli. Lisää kuuma peittausliuos paprikoiden päälle jättäen 1/2 tuuman ylätilaa.

i) Poista ilmakuplat ja säädä ylätilaa tarvittaessa. Pyyhi purkkien reunat kostutetulla puhtaalla talouspaperilla.

j) Säädä kannet ja käsittele.

83. Marinoidut jalapeño-pippurirenkaat

Ainesosat:

- 3 lbs jalapeño-paprikat
- 1-1/2 kuppia peittauskalkkia
- 1-1/2 gallonaa vettä
- 7-1/2 kuppia siiderietikkaa (5%)
- 1-3/4 kuppia vettä
- 2-1/2 rkl säilykesuolaa
- 3 rkl sellerin siemeniä
- 6 ruokalusikallista sinapinsiemeniä

Reittiohjeet:

a) Varoitus: Käytä muovi- tai kumikäsineitä äläkä kosketa kasvojasi käsitellessäsi tai leikkaaessasi kuumaa paprikaa.

b) Pese paprikat hyvin ja leikkaa 1/4 tuuman paksuisiksi viipaleiksi. Hävitä varren pää.

c) Sekoita 1-1/2 kupillista peittauskalkkia 1-1/2 gallonaan vettä ruostumattomasta teräksestä, lasista tai elintarvikemuovisesta astiasta. Vältä kalkkipölyn hengittämistä sekoittaessasi kalkki-vesiliuosta.

d) Liota pippuriviipaleita limettivedessä, jääkaapissa, 18 tuntia, välillä sekoittaen (12-24 tuntia voidaan käyttää). Valuta kalkkiliuos liotetuista pippurirenkaista.

e) Huuhtele paprikat varovasti mutta huolellisesti vedellä. Peitä pippurirenkaat raikkaalla kylmällä vedellä ja liota jääkaapissa 1 tunti. Valuta paprikoista vesi. Toista huuhtelu-, liotus- ja tyhjennysvaiheet vielä kaksi kertaa. Valuta perusteellisesti lopussa.

f) Laita 1 rkl sinapinsiemeniä ja 1-1/2 tl sellerinsiemeniä jokaisen kuuman tuopin purkin pohjalle. Pakkaa valutetut pippurirenkaat purkkeihin jättäen 1/2 tuuman ylätilaa. Kiehauta siideritikka, 1-3/4 kupillista vettä ja tölkkisuola korkealla lämmöllä. Kaada kiehuvaa kuumaa suolaliuosta paprikarenkaiden päälle purkeissa jättäen 1/2 tuuman ylätilaa.

g) Poista ilmakuplat ja säädä ylätilaa tarvittaessa. Pyyhi purkkien reunat kostutetulla puhtaalla talouspaperilla.

h) Säädä kannet ja käsittele.

84. Marinoidut keltaiset paprikarenkaat

Ainesosat:

- 2-1/2 - 3 paunaa. keltainen (banaani) paprika
- 2 rkl sellerin siemeniä
- 4 ruokalusikallista sinapinsiemeniä
- 5 kuppia siiderietikkaa (5%)
- 1-1/4 kuppia vettä
- 5 tl säilykesuolaa

Reittiohjeet:

a) Pese paprikat hyvin ja poista varren pää; viipaloi paprikat 1/4 tuuman paksuisiksi renkaiksi. Laita 1/2 ruokalusikallista sellerinsiemeniä ja 1 rkl sinapinsiemeniä jokaisen tyhjän kuuman tuoppipurkin pohjalle.

b) Täytä pippurirenkaat purkkeihin jättäen 1/2 tuuman päätilaa. Sekoita 4 litran hollantilaisessa uunissa tai kattilassa siideritikka, vesi ja suola; kuumenna kiehuvaksi. Peitä pippurirenkaat kiehuvalla peittausnesteellä jättäen 1/2 tuuman ylätilaa.

c) Poista ilmakuplat ja säädä ylätilaa tarvittaessa. Pyyhi purkkien reunat kostutetulla puhtaalla talouspaperilla.

d) Säädä kannet ja käsittele.

85. Marinoituja makeita vihreitä tomaatteja

Ainesosat:

- 10-11 lbs. vihreistä tomaateista
- 2 kuppia viipaloitua sipulia
- 1/4 kuppia säilyke- tai peittaussuolaa
- 3 kuppia ruskeaa sokeria
- 4 kuppia etikkaa (5%)
- 1 rkl sinapinsiemeniä
- 1 rkl maustepippuria
- 1 rkl sellerin siemeniä
- 1 rkl kokonaisia neilikkaa

Reittiohjeet:

a) Pese ja viipaloi tomaatit ja sipulit. Laita kulhoon, ripottele 1/4 kupillista suolaa ja anna seistä 4-6 tuntia. Valua. Kuumenna ja sekoita sokeri etikkaan, kunnes se on liuennut.

b) Sido sinapinsiemenet, maustepippuri, sellerinsiemenet ja neilikka maustepussiin. Lisää etikkaan tomaattien ja sipulien kanssa. Lisää tarvittaessa vähintään vettä niin, että palat peittyvät. Kuumenna kiehuvaksi ja hauduta 30 minuuttia, sekoittaen tarvittaessa palamisen estämiseksi. Tomaattien tulee olla mureaa ja läpinäkyvää kunnolla kypsennettynä.

c) Poista maustepussi. Täytä kuuma purkki kiintoaineilla ja peitä kuumalla peittausliuoksella jättäen 1/2 tuuman ylätilaa.

d) Poista ilmakuplat ja säädä ylätilaa tarvittaessa. Pyyhi purkkien reunat kostutetulla puhtaalla talouspaperilla.

e) Säädä kannet ja käsittele.

86. Marinoidut kasvissekoitukset

Ainesosat:

- 4 lbs 4-5 tuuman peittauskurkkuja
- 2 lbs kuoritut ja neljäsiksi leikatut pienet sipulit
- 4 kuppia leikattua selleriä (1 tuuman paloja)
- 2 kupillista kuorittua ja leikattua porkkanaa (1/2 tuuman paloja)
- 2 kuppia leikattua makeaa punaista paprikaa (1/2 tuuman paloja)
- 2 kupillista kukkakaalia
- 5 kuppia valkoviinietikkaa (5%)
- 1/4 kuppia valmistettua sinappia
- 1/2 dl säilyke- tai peittaussuolaa
- 3-1/2 kuppia sokeria
- 3 rkl sellerin siemeniä
- 2 ruokalusikallista sinapinsiemeniä
- 1/2 tl kokonaisia neilikkaa
- 1/2 tl jauhettua kurkumaa

Reittiohjeet:

a) Yhdistä vihannekset, peitä 2 tuuman jääkuutiot tai murskattu jääpala ja jäähdytä 3-4 tuntia.

b) Yhdistä 8 litran vedenkeittimessä etikka ja sinappi ja sekoita hyvin.

c) Lisää suola, sokeri, sellerinsiemen, sinapinsiemen, neilikka, kurkuma. Kiehauta. Valuta vihannekset ja lisää kuumaan peittausliuokseen.

d) Peitä ja kiehauta hitaasti. Valuta vihannekset, mutta säästä peittausliuos. Täytä vihannekset kuumiin steriileihin pintpurkkeihin tai kuumiin quartteihin jättäen 1/2 tuuman ylätilaa. Lisää peittausliuos jättäen 1/2 tuuman ylätilaa.

e) Poista ilmakuplat ja säädä ylätilaa tarvittaessa. Pyyhi purkkien reunat kostutetulla puhtaalla talouspaperilla.

f) Säädä kannet ja käsittele.

87. Piilotettua voi-leipää kesäkurpitsaa

Ainesosat:

- 16 kuppia tuoretta kesäkurpitsaa, viipaloituna
- 4 kupillista sipulia ohuiksi viipaleina
- 1/2 dl säilyke- tai peittaussuolaa
- 4 kuppia valkoviinietikkaa (5%)
- 2 kuppia sokeria
- 4 ruokalusikallista sinapinsiemeniä
- 2 rkl sellerin siemeniä
- 2 tl jauhettua kurkumaa

Reittiohjeet:

a) Peitä kesäkurpitsa- ja sipuliviipaleet 1 tuumalla vettä ja suolaa. Anna seistä 2 tuntia ja valuta huolellisesti. Yhdistä etikka, sokeri ja mausteet. Kuumenna kiehuvaksi ja lisää kesäkurpitsa ja sipuli. Hauduta 5 minuuttia ja kuumat purkit seoksella ja peittausliuoksella jättäen 1/2 tuuman ylätilaa.

b) Poista ilmakuplat ja säädä ylätilaa tarvittaessa. Pyyhi purkkien reunat kostutetulla puhtaalla talouspaperilla.

c) Säädä kannet ja käsittele .

88. Chayote ja päärynämaku

Ainesosat:

- 3-1/2 kuppia kuorittua, kuutioitua chayotea
- 3-1/2 kuppia kuorittuja, kuutioituja Seckel-päärynöitä
- 2 kuppia hienonnettua punaista paprikaa
- 2 kuppia hienonnettua keltaista paprikaa
- 3 kuppia hienonnettua sipulia
- 2 Serrano-paprikaa hienonnettuna
- 2-1/2 kuppia siiderietikkaa (5%)
- 1-1/2 kuppia vettä
- 1 kuppi valkoista sokeria
- 2 tl säilykesuolaa
- 1 tl jauhettua maustepippuria
- 1 tl jauhettua kurpitsapiirakkaa

Reittiohjeet:

a) Pese, kuori ja leikkaa chayote ja päärynät 1/2 tuuman kuutiot, poistamalla ytimet ja siemenet. Hienonna sipulit ja paprikat. Sekoita etikka, vesi, sokeri, suola ja mausteet hollantilaisessa uunissa tai suuressa kattilassa. Kuumenna kiehuvaksi sekoittaen, jotta sokeri liukenee.

b) Lisää hienonnettu sipuli ja paprika; palauta kiehuvaksi ja keitä 2 minuuttia välillä sekoittaen.

c) Lisää kuutioitu chayote ja päärynät; palaa kiehumispisteeseen ja sammuta lämpö. Täytä kuumat kiinteät aineet kuumiin pinttölkkeihin jättäen 1 tuuman tilaa. Peitä kiehuvalla keittonesteellä jättäen 1/2 tuuman ylätilaa.

d) Poista ilmakuplat ja säädä ylätilaa tarvittaessa. Pyyhi purkkien reunat kostutetulla puhtaalla talouspaperilla.

e) Säädä kannet ja käsittele.

89. Pikkelssi

Ainesosat:

- 6 kuppia hienonnettuja vihreitä tomaatteja
- 1-1/2 kuppia hienonnettua punaista paprikaa
- 1-1/2 kuppia hienonnettua vihreää paprikaa
- 2-1/4 kuppia hienonnettua sipulia
- 7-1/2 kuppia hienonnettua kaalia
- 1/2 dl säilyke- tai peittaussuolaa
- 3 rkl kokonaista peittausmaustesekoitusta
- 4-1/2 kuppia etikkaa (5%)
- 3 kuppia ruskeaa sokeria

Reittiohjeet:

a) Pese, paloittele ja yhdistä vihannekset 1/2 kupilliseen suolaa. Peitä kuumalla vedellä ja anna seistä 12 tuntia. Valuta ja paina puhtaalla valkoisella liinalla poistaaksesi kaikki mahdollinen neste. Sido mausteet löyhästi maustepussiin ja lisää sekoitettuun etikkaan ja ruskeaan sokeriin ja kuumenna kattilassa kiehuvaksi.

b) Lisää vihannekset ja keitä varovasti 30 minuuttia tai kunnes seoksen tilavuus on pudonnut puoleen. Poista maustepussi.

c) Täytä kuumat steriilit purkit kuumalla seoksella jättäen 1/2 tuuman ylätilaa.

d) Poista ilmakuplat ja säädä ylätilaa tarvittaessa. Pyyhi purkkien reunat kostutetulla puhtaalla talouspaperilla.

e) Säädä kannet ja käsittele.

90. Kurkkusalaatti

Ainesosat:

- 3 litraa hienonnettua kurkkua
- 3 kupillista kutakin hienonnettua makeaa vihreää ja punaista paprikaa
- 1 kuppi hienonnettua sipulia
- 3/4 dl säilyke- tai peittaussuolaa
- 4 kuppia jäätä
- 8 kuppia vettä
- 2 kuppia sokeria
- 4 teelusikallista sinapinsiemeniä, kurkumaa, kokonaista maustepippuria ja kokonaisia neilikkaa
- 6 kuppia valkoviinietikkaa (5%)

Reittiohjeet:

a) Lisää kurkut, paprikat, sipulit, suola ja jää veteen ja anna seistä 4 tuntia. Valuta ja peitä vihannekset raikkaalla jäävedellä vielä tunnin ajan. Valuta uudelleen.

b) Yhdistä mausteet maustepussissa tai kangaspussissa. Lisää mausteet sokeriin ja etikkaan. Kuumenna kiehuvaksi ja kaada seos vihannesten päälle.

c) Peitä ja jäähdytä 24 tuntia. Kuumenna seos kiehuvaksi ja kuumaksi kuumiin purkkeihin jättäen 1/2 tuuman ylätilaa.

d) Poista ilmakuplat ja säädä ylätilaa tarvittaessa. Pyyhi purkkien reunat kostutetulla puhtaalla talouspaperilla.

e) Säädä kannet ja käsittele.

91. Marinoidun maissin herkku

Ainesosat:

- 10 kuppia tuoretta kokonaista maissia
- 2-1/2 kupillista kuutioitua punaista paprikaa
- 2-1/2 kupillista kuutioitua vihreää paprikaa
- 2-1/2 kuppia hienonnettua selleriä
- 1-1/4 kuppia kuutioitua sipulia
- 1-3/4 kuppia sokeria
- 5 kupillista etikkaa (5%)
- 2-1/2 rkl säilyke- tai peittaussuolaa
- 2-1/2 tl sellerin siemeniä
- 2-1/2 ruokalusikallista kuivaa sinappia
- 1-1/4 tl kurkumaa

Reittiohjeet:

a) Keitä maissin tähkiä 5 minuuttia. Upota kylmään veteen. Leikkaa kokonaiset ytimet tähkistä tai käytä kuutta 10 unssin pakastettua maissipakkausta.

b) Yhdistä paprikat, selleri, sipulit, sokeri, etikka, suola ja sellerin siemenet kattilassa.

c) Kuumenna kiehuvaksi ja keitä 5 minuuttia välillä sekoittaen. Sekoita sinappi ja kurkuma 1/2 kupilliseen kiehuvaa seosta. Lisää tämä seos ja maissi kuumaan seokseen.

d) Hauduta vielä 5 minuuttia. Halutessasi sakeuta seosta lour-tahnalla (1/4 kuppia lour sekoitettuna 1/4 kupilliseen vettä) ja sekoita usein. Täytä kuumat purkit kuumalla seoksella jättäen 1/2 tuuman ylätilaa.

e) Poista ilmakuplat ja säädä ylätilaa tarvittaessa. Pyyhi purkkien reunat kostutetulla puhtaalla talouspaperilla.

f) Säädä kannet ja käsittele.

92. Maustemarinoitua vihreää tomaattia

Ainesosat:

- 10 lbs. pieniä, kovia vihreitä tomaatteja
- 1-1/2 lbs. punaiset paprikat
- 1-1/2 lbs. vihreitä paprikaa
- 2 lbs sipulia
- 1/2 dl säilyke- tai peittaussuolaa
- 1 litra vettä
- 4 kuppia sokeria
- 1 litra etikkaa (5 %)
- 1/3 kuppia valmistettua keltaista sinappia
- 2 ruokalusikallista maissitärkkelystä

Reittiohjeet:

a) Pese ja raasta tai hienonna tomaatit, paprikat ja sipulit karkeasti. Liuota suola veteen ja kaada vihannesten päälle suuressa kattilassa. Kuumenna kiehuvaksi ja keitä 5 minuuttia. Valuta siivilässä. Palauta vihannekset kattilaan.

b) Lisää sokeri, etikka, sinappi ja maissitärkkelys. Sekoita sekoittaen. Kuumenna kiehuvaksi ja keitä 5 minuuttia.

c) Täytä kuumat steriilit pint -purkit kuumalla mausteella jättäen 1/2 tuuman ylätilaa.

d) Poista ilmakuplat ja säädä ylätilaa tarvittaessa. Pyyhi purkkien reunat kostutetulla puhtaalla talouspaperilla.

e) Säädä kannet ja käsittele.

93. Marinoitu piparjuurikastike

Ainesosat:

- 2 kuppia (3/4 lb.) vastaraastettua piparjuurta
- 1 kuppi valkoviinietikkaa (5%)
- 1/2 tl säilyke- tai peittaussuolaa
- 1/4 tl jauhettua askorbiinihappoa

Reittiohjeet:

a) Tuoreen piparjuuren pistävä vaikutus häviää 1-2 kuukauden kuluessa, jopa jääkaapissa. Siksi valmista vain pieniä määriä kerrallaan.

b) Pese piparjuuren juuret huolellisesti ja kuori ruskea ulkokuori. Kuoritut juuret voidaan raastaa monitoimikoneessa tai leikata pieniksi kuutioiksi ja laittaa myllyn läpi.

c) Yhdistä ainekset ja paista steriileihin purkkeihin jättäen 1/4 tuuman ylätilaa.

d) Sulje purkit tiiviisti ja säilytä jääkaapissa.

94. Pippuri-sipuli -mauste

Ainesosat:

- 6 kuppia hienonnettua sipulia
- 3 kupillista hienonnettua punaista paprikaa
- 3 kupillista hienonnettua vihreää paprikaa
- 1-1/2 kuppia sokeria
- 6 kupillista etikkaa (5%), mieluiten valkoista tislattua
- 2 rkl säilyke- tai peittaussuolaa

Reittiohjeet:

a) Pese ja paloittele vihannekset. Yhdistä kaikki ainekset ja keitä varovasti, kunnes seos sakenee ja tilavuus pienenee puoleen (noin 30 minuuttia).

b) Täytä kuumat steriilit purkit kuumalla mausteella jättäen 1/2 tuuman ylätilaa ja sulje tiiviisti.

c) Säilytä jääkaapissa ja käytä kuukauden sisällä.

95. Mausteinen jicama-mauste

Ainesosat:

- 9 kuppia kuutioitua jicamaa
- 1 rkl kokonaista peittausmaustesekoitusta
- 1 kahden tuuman kanelitanko
- 8 kuppia valkoviinietikkaa (5%)
- 4 kuppia sokeria
- 2 tl murskattua punapippuria
- 4 kupillista kuutioitua keltaista paprikaa
- 4-1/2 kuppia kuutioitua punaista paprikaa
- 4 kuppia hienonnettua sipulia
- 2 tuoretta sormea - kuumaa paprikaa (noin 6 tuumaa kukin), hienonnettuna ja osittain siemenneenä

Reittiohjeet:

a) Varoitus: Käytä muovi- tai kumikäsineitä äläkä kosketa kasvojasi käsitellessäsi tai leikkaaessasi kuumaa paprikaa. Pese, kuori ja leikkaa jicama; noppaa.

b) Aseta peittausmauste ja kaneli puhtaalle, kaksikerroksiselle, 6 tuuman neliönpalalle, joka on 100 % puuvillaa.

c) Yhdistä kulmat ja sido puhtaalla nyörillä. (Tai käytä ostettua musliinimaustepussia.)

d) Yhdistä 4 litran hollantilaisessa uunissa tai kattilassa peittausmaustepussi, etikka, sokeri ja murskattu punainen paprika. Kuumenna kiehuvaksi sekoittaen, jotta sokeri liukenee. Sekoita joukkoon kuutioitu jicama, paprikat, sipuli ja sormet - tuliset . Palauta seos kiehumaan.

e) Vähennä lämpöä ja keitä kannen alla keskilämmöllä noin 25 minuuttia. Hävitä maustepussi. Täytä herkut kuumaan tuopin purkkeihin jättäen 1/2 tuuman ylätilaa. Peitä kuumalla peittausnesteellä jättäen 1/2 tuuman ylätilaa.

f) Poista ilmakuplat ja säädä ylätilaa tarvittaessa. Pyyhi purkkien reunat kostutetulla puhtaalla talouspaperilla.

g) Säädä kannet ja käsittele.

96. Kirpeä tomaattimaku

Ainesosat:

- 12 kupillista hienonnettua tomaattia
- 3 kupillista hienonnettua jicamaa
- 3 kuppia hienonnettua sipulia
- 6 kuppia hienonnettuja luumutyyppisiä tomaatteja
- 1-1/2 kuppia hienonnettua vihreää paprikaa
- 1-1/2 kuppia hienonnettua punaista paprikaa
- 1-1/2 kuppia hienonnettua keltaista paprikaa
- 1 kuppi säilykesuolaa
- 2 litraa vettä
- 6 rkl kokonaista peittausmaustesekoitusta
- 1 rkl murskattua punapippuria (valinnainen)
- 6 kuppia sokeria
- 6-1/2 kuppia siiderietikkaa (5%)

Reittiohjeet:

a) Poista tomatilloista kuoret ja pese hyvin. Kuori jicama ja sipuli. Pese kaikki vihannekset hyvin ennen leikkaamista ja pilkkomista.

b) Aseta hienonnetut tomatillot, jicama, sipuli, tomaatit ja kaikki paprikat 4 litran hollantilaiseen uuniin tai kattilaan. Liuota tölkkisuola veteen. Kaada valmiiden vihannesten päälle. Kuumenna kiehuvaksi; hauduta 5 minuuttia.

c) Valuta huolellisesti juustokankaalla vuoratun siivilän läpi (kunnes vettä ei enää tipu, noin 15-20 minuuttia).

d) Aseta peittausmaustetta ja valinnaisia punapippuria puhtaalle, kaksikerroksiselle, 6 tuuman neliöpalalle

97. Ei lisättyä sokeria marinoituja juurikkaita

Ainesosat:

- 7 lbs halkaisijaltaan 2-2-1/2 tuuman punajuuria
- 4-6 sipulia (halkaisija 2-2-1/2 tuumaa), jos haluat
- 6 kuppia valkoviinietikkaa (5 prosenttia)
- 1-1/2 tl säilyke- tai peittaussuolaa
- 2 kuppia Splendaa
- 3 kuppia vettä
- 2 kanelitankoa
- 12 kokonaista neilikkaa

Reittiohjeet:

a) Leikkaa juurikkaan latvat jättäen 1 tuuman varresta ja juurista värin vuotamisen estämiseksi. Pese huolellisesti. Lajittele koon mukaan.

b) Peitä samankokoiset kiehuvalla vedellä ja keitä kypsiksi (noin 25-30 minuuttia). Varoitus: Tyhjennä ja hävitä neste. Viileitä punajuuria.

c) Juurien ja varsien leikkaus ja kuorien poisto. Leikkaa 1/4 tuuman viipaleiksi. Kuori, pese ja viipaloi sipulit ohuiksi viipaleiksi.

d) Yhdistä etikka, suola, Splenda® ja 3 kupillista makeaa vettä suuressa hollantilaisessa uunissa. Sido kanelitangot ja neilikka juustopussiin ja lisää etikkaseokseen.

e) Kiehauta. Lisää punajuuret ja sipulit. Kiehua

f) 5 minuuttia. Poista maustepussi. Täytä kuumat punajuuret ja sipuliviipaleet kuumiin pinttölkkeihin jättäen 1/2 tuuman ylätilaa. Peitä kiehuvalla etikkaliuoksella jättäen 1/2 tuuman ylätilaa.

g) Poista ilmakuplat ja säädä ylätilaa tarvittaessa. Pyyhi purkkien reunat kostutetulla puhtaalla talouspaperilla.

h) Säädä kannet ja käsittele.

98. S märkä suolakurkku

Ainesosat:

- 3-1/2 lbs. kurkkujen peittauksesta
- kiehuvaa vettä niin, että viipaloidut kurkut peittyvät
- 4 kuppia siiderietikkaa (5%)
- 1 kuppi vettä
- 3 kuppia Splenda®
- 1 rkl säilykesuolaa
- 1 rkl sinapinsiemeniä
- 1 rkl kokonaista maustepippuria
- 1 rkl sellerin siemeniä
- 4 yhden tuuman kanelitankoa

Reittiohjeet:

a) Pese kurkut. Viipaloi 1/16 tuumaa kukkien päistä ja heitä pois. Leikkaa kurkut 1/4 tuuman paksuisiksi viipaleiksi. Kaada kiehuvaa vettä kurkkuviipaleiden päälle ja anna seistä 5-10 minuuttia.

b) Valuta kuuma vesi ja kaada kylmä vesi kurkkujen päälle. Anna kylmän veden valua jatkuvasti kurkkuviipaleiden päälle tai vaihda vettä usein, kunnes kurkut ovat jäähtyneet. Valuta viipaleet hyvin.

c) Sekoita etikka, 1 kuppi vettä, Splenda® ja kaikki mausteet 10 litran hollantilaisessa uunissa tai kattilassa. Kiehauta. Lisää valutetut kurkkuviipaleet varovasti kiehuvaan nesteeseen ja kiehauta uudelleen.

d) Laita halutessasi yksi kanelitanko jokaiseen tyhjään kuumaan purkkiin. Täytä kuumat suolakurkkuviipaleet kuumiin pinttölkkeihin jättäen 1/2 tuuman ylätilaa. Peitä kiehuvalla suolavedellä jättäen 1/2 tuuman ylätilaa.

e) Poista ilmakuplat ja säädä ylätilaa tarvittaessa. Pyyhi purkkien reunat kostutetulla puhtaalla talouspaperilla.

f) Säädä kannet ja käsittele.

99. S viipaloitu tilli suolakurkkua

Ainesosat:

- 4 lbs (3-5 tuuman) peittauskurkut
- 6 kupillista etikkaa (5%)
- 6 kuppia sokeria
- 2 rkl säilyke- tai peittaussuolaa
- 1-1/2 tl sellerin siemeniä
- 1-1/2 tl sinapinsiemeniä
- 2 isoa sipulia ohuiksi viipaleina
- 8 päätä tuoretta tilliä

Reittiohjeet:

a) Pese kurkut. Leikkaa 1/16 tuuman viipale kukkapäästä ja hävitä. Leikkaa kurkut 1/4 tuuman viipaleiksi. Yhdistä etikka, sokeri, suola, selleri ja sinapinsiemenet suuressa kattilassa. Kuumenna seos kiehuvaksi.

b) Aseta 2 viipaletta sipulia ja 1/2 tillin päätä jokaisen kuuman tuopin purkin pohjalle. Täytä kuumat purkit kurkkuviipaleilla jättäen 1/2 tuuman ylätilaa.

c) Lisää päälle 1 siivu sipulia ja 1/2 tillin päätä. Kaada kuuma peittausliuos kurkkujen päälle jättäen 1/4 tuuman ylätilaa.

d) Poista ilmakuplat ja säädä ylätilaa tarvittaessa. Pyyhi purkkien reunat kostutetulla puhtaalla talouspaperilla.

e) Säädä kannet ja käsittele.

100. S viipaloitu makea suolakurkku

Ainesosat:

- 4 lbs (3-4 tuuman) peittauskurkut

Liuosliuos:

- 1 litra tislattua valkoviinietikkaa (5%)
- 1 rkl säilyke- tai peittaussuolaa
- 1 rkl sinapinsiemeniä
- 1/2 kuppia sokeria

Puristussiirappi:

- 1-2/3 kuppia tislattua valkoviinietikkaa (5%)
- 3 kuppia sokeria
- 1 rkl kokonaista maustepippuria
- 2-1/4 tl sellerin siemeniä

Reittiohjeet:

a) Pese kurkut ja leikkaa 1/16 tuumaa kukinnan päästä ja heitä pois. Leikkaa kurkut 1/4 tuuman viipaleiksi. Yhdistä kaikki tölkkisiirapin ainekset kattilassa ja kuumenna kiehuvaksi. Pidä siirappi kuumana käyttöön asti.

b) Sekoita suolaliuoksen ainekset suuressa vedenkeittimessä. Lisää leikatut kurkut, peitä ja hauduta, kunnes kurkkujen väri muuttuu kirkkaasta sameanvihreäksi (noin 5-7 minuuttia). Valuta kurkkuviipaleet.

c) Täytä kuumat purkit ja peitä kuumalla säilykesiirappilla jättäen 1/2 tuuman ylätilaa.

d) Poista ilmakuplat ja säädä ylätilaa tarvittaessa. Pyyhi purkkien reunat kostutetulla puhtaalla talouspaperilla.

e) Säädä kannet ja käsittele.

PÄÄTELMÄ

Tämä keittokirja sisältää monia uusia tutkimukseen perustuvia suosituksia turvallisemman ja laadukkaamman ruoan purkamiseen kotona. Se on korvaamaton resurssikirja henkilöille, jotka purkavat ruokaa ensimmäistä kertaa. Kokeneet säilykevalmistajat löytävät päivitettyjä tietoja, jotka auttavat heitä parantamaan purkituskäytäntöjään.

www.ingramcontent.com/pod-product-compliance
Lightning Source LLC
Chambersburg PA
CBHW070644120526
44590CB00013BA/843